Memória, História e historiografia

Confira as publicações da Coleção FGV de Bolso no fim deste volume.

FGV EDITORA

FGV de Bolso
Série História

Memória, História e historiografia

Fernando Catroga

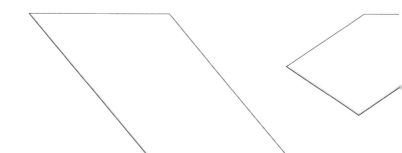

Copyright © Fernando Catroga

1ª edição – 2015; 1ª reimpressão – 2018; 2ª reimpressão – 2021; 3ª reimpressão – 2024.

Impresso no Brasil | Printed in Brazil

Todos os direitos reservados à EDITORA FGV. A reprodução não autorizada desta publicação, no todo ou em parte, constitui violação do copyright (Lei nº 9.610/98).

Os conceitos emitidos neste livro são de inteira responsabilidade do autor.

COORDENADORES DA COLEÇÃO: Marieta de Moraes Ferreira e Renato Franco
COPIDESQUE: Sandra Frank
REVISÃO: Fatima Caroni e Michele Mitie
DIAGRAMAÇÃO, PROJETO GRÁFICO E CAPA: dudesign

**Ficha catalográfica elaborada
pela Biblioteca Mario Henrique Simonsen/FGV**

Catroga, Fernando
 Memória, história e historiografia / Fernando Catroga. - Rio de Janeiro: Editora FGV, 2015.
 100 p. - (Coleção FGV de bolso. Série História)
 Inclui bibliografia.

 ISBN: 978-85-225-1636-0

 1. História. 2. Historiografia. I. Fundação Getulio Vargas. II. Título. III. Série.

CDD – 907.2

Editora FGV
Rua Jornalista Orlando Dantas, 9
22231-010 | Rio de Janeiro, RJ | Brasil
Tels.: 21-3799-4427
editora@fgv.br | www.fgv.br/editora

Sumário

Palavras prévias	7
Capítulo 1	
Recordação e esquecimento	9
Memória e alteridade	10
Memória, esquecimento e expectativas na construção selectiva do passado	16
O recordado como ponta do iceberg do esquecido	*23*
Memória e monumento	25
A memória como narrativa	26
Filiar, identificar, distinguir	*28*
Os futuros do passado	31
A ilusória permanência do presente	33
Capítulo 2	
A historiografia como "*ars memoriae*"	41
Quando a boca do tempo mordia a cauda do tempo	42
Ver, ouvir, testemunhar	*46*

Capítulo 3
A representificação do ausente   53
A escrita da história como rito de recordação   56
    Um "gesto de sepultura"   *61*
Entre a fidelidade e a veridicção   64
O eco do silêncio no rumor do recordado   68
Memória política e política da memória   73
    "Recordo-me, logo existo"   *79*
O historiador como um *remembrancer*   83

Bibliografia   87

Palavras prévias

O passo que o homem dá para a frente tem na pegada anterior a sua condição de possibilidade. Trespassado de tempo, o seu caminhar vai deixando traços no ecrã branco de Cronos que, ou serão sugados pelo Letes, que é pior que a morte, ou, como no recalcado de cada existência, perdurarão – mesmo quando esquecidos ou não encontrados – como reserva de memória e de história. Seja como for, eles são sinais que o impedem de ser só presente ou só futuro. Dir-se-ia que vão colados às solas de seus pés como sombras que, se ficam para trás, o sol da vida também projecta para diante. O que, ao impedir tolher-se aquilo que tudo degrada, suscita a construção de histórias que visam criar a ilusão de o domesticar. No entanto, esse impulso está sempre em fuga, mas não como um prisioneiro, porque nunca foi nem será enclausurado. E tais esforços foram desenhando geometrias do devir, com configurações redutíveis a três modelos-tipo essenciais: o cíclico, o estacionário e o linear. Compreende-se. Compensando a incapacidade de saber o que é o tempo, o homem enreda o seu fio invisível para, debalde, o apanhar.

Assim como no tratamento pacificador do corpo morto (e da alma dos mortos), também aqui se trata de simular e de se apreender a ritualização do que não se quer nem pode ser olhado de frente. Ente memorioso imbuído de expectativas, o homem, ao narrar-se como história, apazigua os acontecimentos, inscrevendo-os em espaços e tempos que ordena por eixos de sentido. Como ele sabe que só com o esquecimento irreversível a morte se transforma em definitivo nada, o diálogo com os signos da ausência é uma *re-presentificação*, mediante a qual, ao darem futuros ao passado, os vivos estão a afiançar um futuro para si próprios.

Tudo isto pode ser dito de outro modo: o homem conta histórias como protesto contra a sua finitude. E não são nem a mudança do horizonte dos regimes da experiência do tempo, nem a linguagem que os expressa, que alteram uma necessidade que decorre da carência trazida pela corrupção e pelo esquecimento. Se ele soubesse sempre – como o sabe a deusa grega da memória – o que foi, o que é e o que será, não haveria nem recordação, nem atitudes de espera, nem necessidade de deixar marcas que as solicitassem. Porém, como nesse trilho se revela a consciência da morte e da sua repulsa, o significado das pegadas de quem passou é inseparável das interrogações que elas colocam a quem vem. Transcendental metafísico que obriga a equacionar a historicidade das respostas.

Capítulo 1

Recordação e esquecimento

Existe um relativo consenso acerca do papel da recordação na gênese das identidades pessoais e sociais. Joël Candau (1996) chamou justamente a atenção para a existência de três níveis na memória: a *proto-memória*, fruto, em boa parte, do *habitus* e da socialização, fonte dos automatismos do agir e que corresponde ao que, em *Matière et mémoire*, Bergson designou por "mémoire-habitude", tendo que ver, por conseguinte, com o corpo como memória; a *memória propriamente dita*, que enfatiza a *recordação* e o *reconhecimento*; e a *metamemória*, conceito que define as representações, de pendor comemorativo, que o indivíduo faz de um modo compartilhado e onde predomina a chamada "recordação-imagem". Devido ao seu cariz, dir-se-ia que a primeira acepção se refere a algo de passivo – isto é, ao que os gregos chamavam *mnême* –, enquanto as duas últimas recobrem a noção de *anámnesis*, ao significarem a procura activa de recordações. E estas também remetem para a maneira como cada um se filia no seu próprio passado e como, explicitamente, constrói a sua *identidade* e se *distingue* dos outros. Por sua vez, se as duas primeiras têm uma dimensão mais espontânea, a terceira acentua as características inerentes à chamada *memória colectiva* e *histórica*, bem como às modalidades da sua reprodução. Mas é óbvio que todas elas se interligam, e será um erro resumir a fenomenologia da memória à espontaneidade e autarcia do *eu*, dado que ela também está sujeita a uma sobredeterminação social.

Memória e alteridade

Cada indivíduo participa, simultaneamente, em vários campos mnésicos, conforme a perspectiva em que coloca a sua retrospecção. Porém, esta é passível de ser reduzida a duas atitudes nucleares: a *autobiográfica* e a *histórica*. E se elas não se confundem – a última é mais extensa e transmissível –, o certo é que, como o próprio Halbwachs reconhece em *La Mémoire collective*, ambas se implicam reciprocamente. Compreende-se: um indivíduo que vivesse autarcicamente não poderia ultrapassar a mesmidade e sofreria de amnésia. É que

> *un homme, pour évoquer son propre passé, a souvent besoin de faire appel aux souvenirs des autres. Il se rapport à des points de repère qui existent hors de lui, et qui sont fixés par la société. Bien plus, le fonctionnement de la mémoire individuelle n'est pas possible sans ces instruments que sont les mots et les idées, que l'individu n'a pas inventés, et qu'il emprunte à son milieu* [Halbwachs, 1997].

Como consequência, as recordações radicam na subjectividade, embora cada *eu* só ganhe consciência de si em comunicação com os outros, pelo que a evocação do que lhe é próprio tem ínsitas as condições que a socializam.

Na experiência vivida, a memória individual é formada pela coexistência, tensional e nem sempre pacífica, de várias memórias (pessoais, familiares, grupais, regionais, nacionais etc.) em permanente construção, devido à incessante mudança do presente em passado e às alterações ocorridas no campo das *re-presentações* (ou *re-presentificações*) do pretérito. Significa isto que a recordação, enquanto presente-passado, é vivência interior na qual a identidade do *eu*, ou melhor, a ipseidade, unifica os diversos tempos sociais em que comparticipa. Assim, contra a tese bergsoniana da existência de uma "memória pura", os dados imediatos da consciência são tecidos por uma pluralidade de memórias outras que coabitam na memória subjectiva (Namer, 1997), cuja mediação acaba por especificar o modo como aquelas são apropriadas.

Perante estes considerandos, será pertinente falar de *memória colectiva*? Não será este conceito filho de uma ilusão holística, de cariz antropomórfico e antropopático, incompatível com a actual reivindicação da subjectividade e com a contestação da autossuficiência e autonomia das totalidades sociais? Já Santo Agostinho (*Confissões*, XI) centrou a recordação na alma, medida do tempo, sendo este experienciado como uma indizível tensão entre a anamnese e as saudades do futuro. Com isto, o autor de *Cidade de Deus* inaugurou um modo de pensar que, passando por Locke e Husserl, circunscreveu a memória a um "olhar interior" e à assunção pessoal das temporalidades.

Todavia, alguns outros têm acentuado o "olhar exterior" da memória, ao entificarem a sua dimensão colectiva e social, como, na linha da sociologia de Durkheim, o fez Halbwachs nos seus *Cadres sociaux de la mémoire* (1925; 1952). Outros, contudo, têm sublinhado que, em coexistência interna com a *memória pública*, existe a *memória privada*, sendo difícil não reconhecer que ambas interagem e se formam em simultâneo. Aqui, alinha-se com as posições dos que têm buscado os fundamentos do consenso numa espécie de terceira via entre o atomismo social extremo e o organicismo totalizante, onde a memória colectiva emerge substantivada como memória histórica e, sobretudo, como memória nacional. Sendo esta *"un recueil des traces laissés par les événements qui ont affecté le cours de l'histoire des groupes concernés"*, é igualmente ela que confere *"le pouvoir de mettre en scène souvenirs communs à l'occasion de fêtes, de rites, de célébrations publiques"* (Ricœur, 2000). Mas como se medeia o relacionamento entre a interioridade do sujeito e algo que parece vir e estar no seu exterior? Para justificar essa ponte, Ricœur recorreu ao conceito de intersubjectividade.

A pressuposição de que esse liame é feito por um sujeito transcendental, que correlaciona a destrinça entre o *eu* e o *outro-eu*, coloca a análise num plano pouco apto para dar conta de experiências indissoluvelmente ligadas à vida da *pólis* (Barash, 2008; 2006). O sujeito, mesmo antes de ser um *eu*, já está, a um certo nível, imerso na placenta de uma memória que o socializa e à luz da qual ele irá definir, quer a sua estratégia de vida, quer os seus sentimentos de pertença e de adesão ao colectivo. Porém, se o modelo da reificação externa deste último nível é perigoso – pois volta-se contra os seus próprios criadores –, não o será menos supor-se que a memória colectiva só existe como uma espécie de resultado do contrato social. Ela é um adquirido que a subjectividade permanentemente renegocia, em particular nas sociedades mais complexas e heterogéneas dos dias de hoje.

Perspectivar a estruturação, assimilação e reprodução da memória colectiva na longa duração não é incompatível com a tese de Ricœur (1996-1997) segundo a qual recordar é em si mesmo um acto relacional, ou melhor, de alteridade. Por conseguinte, a relação com o passado não se esgota numa evocação em que cada subjectividade se convoca a si mesma como um *outro* que já foi (embora a sua coerência narcísica tenda a escamotear esta diferença temporal, em nome da omnipresença do mesmo – a identidade essencializada – em todas as fases da vida de cada indivíduo).

E ela decorre, também, do facto de a recordação envolver sujeitos diferentes do evocador e de o desejo de ascender ao verossímil se comprovar com o recurso às recordações dos outros. Por sua vez, como a consciência do *eu* se matura em correlação com camadas memoriais não só directamente vividas, mas também adquiridas, tem de se ter presente que estas, para além das de origem pessoal, só se formam a partir de narrações contadas por outros, ou lidas e vistas em outros: o que prova que a memória é um processo relacional e intersubjectivo (Namer, 1997), mas no seio de um horizonte comum que permite o reconhecimento e a compartilha.

Quanto à vivência temporal que a põe em acção, só uma leitura ingénua a pode cingir à sua dimensão subjectiva. Ainda que somente os indivíduos possam recordar – só por metáfora se poderá afirmar que as "sociedades recordam" –, a interiorização da alteridade permite detectar a existência de uma analogia entre a estrutura subjectiva do tempo (presente-passado, presente-presente, presente-futuro) e a que passou a dar sentido à vida colectiva. Esta semelhança levou Reinhart Koselleck (1993), entre outros, a sustentar que a própria constituição da consciência histórica moderna (explicitada tanto nas representações anamnéticas como nas grandes narrativas das teorias da história e nas "reconstituições" historiográficas) tem uma das suas raízes na influência da visão judaico-cristã do tempo – pioneiramente explicitada por Santo Agostinho –, pois secularizou os "horizontes de expectativas", enraizando-os em "campos de experiência". O que faz do presente histórico um permanente ponto de encontro da recordação com a esperança.

É certo que se terá de ser cauteloso na transposição destas semelhanças. Porém, nunca como no século XIX (e boa parte do século XX) essa comparação foi tão acreditada. Entende-se. Essa também foi a época dos historicismos e em que se assistiu à gradual reificação das "ideias colectivas" (Durkheim), tendência que conduziu à elaboração dos conceitos de *memória social* e de *memória colectiva*, assim como ao correlato reforço da definição da sociedade como um organismo, ou como uma totalidade. E, não por acaso, tais propostas teóricas foram condicionadas por mudanças sociais provocadas pela industrialização e pela emergência da sociedade de massas. Processo que, como se sabe, teve como uma das suas maiores consequências a entificação de "sujeitos sociais colectivos" (*civilização, nação, povo, classe, raça*) postulados, pelo historicismo ocidental, como motores imanentes do dinamismo histórico.

Neste contexto, a história foi cada vez mais apresentada como um *iter*, no qual o conhecimento do passado era premissa fundamental para se entender o presente e se transformar o futuro. Ora, se a actual reivindicação da subjectividade tem contestado esta excessiva ontologização dos "factos sociais" (com destaque para Peter Berger, Luckmann, Josette Coenen-Huther), não se pode negar que, num certo sentido, a tradução subjectiva da anamnese se dá dentro de "quadros sociais" – interiorizados, porém, a partir dos *topoi* históricos do próprio evocador – e que tudo isto conduz à necessidade de se dar coerência narrativa à vida dos grupos como se de "*eus* colectivos" se tratasse. De onde a importância de se precisar melhor os laços existentes entre conceitos como *memória social* e *memória colectiva*.

Na tradição durkheimiana, eles assentam na distinção entre *sociedade* e *sociedades*: enquanto a primeira se supõe ser uma criação social espontânea, a segunda refere-se ao modo concreto e histórico como os vários grupos constroem e transmitem o passado comum. Deste modo, as memórias colectivas, com as suas pluralidades muitas vezes conflituosas e irredutíveis, comparticipam da memória social, substrato adquirido e matricial que, mesmo quando aquelas se extinguem, permite acreditar na continuidade do tempo social e possibilitar a gênese de novas memórias colectivas e históricas.

O que ficou escrito não pretende pôr em causa a objectividade de tais conceitos. Mas visa-se salientar que a sua definição em termos de uma exterioridade coisificada requer prevenções relativizadoras. Como bem salientou Gérard Namer, o próprio Halbwachs, em *La Mémoire collective*, reviu o "realismo" defendido em *Les Cadres sociaux*, quando passou a aceitar a interiorização da própria experiência do tempo social e a deixar portas abertas para se sopesar o papel inclusivo da memória pessoal na socialização e transformação do que cada sujeito recebe como *herança*. Isto obriga a reconhecer-se a existência de alguma autonomia ao papel específico dos indivíduos na formação do *habitus* (Norbert Elias, Pierre

Bourdieu), como se cada um fosse formado por "duas personalidades", embora unificadas pela dialéctica entre a *inclusão* e a *exclusão* (G. Simmel), ou melhor, entre a ipseidade e a alteridade (Namer, 1997).

A formação do *eu* será, assim, inseparável da maneira como cada um se relaciona com os valores da(s) sociedade(s) e grupo(s) em que se situa e do modo como, à luz do seu passado, organiza o seu percurso como *projecto*. Qual mónade, ele é um microcosmos constituído pela síntese que resulta do trabalho que a mediação subjectiva opera sobre as várias influências exteriores. Na linguagem de Halbwachs, significa isto que a personalidade se forma sempre dentro de "quadros sociais de memória", pano de fundo que, todavia, consente tanto a apropriação mais personalizada do herdado como as suas reinterpretações. E estas, se, regra geral, possibilitam a comunicação e o consenso entre os indivíduos e uma transmissão revivificada do passado, também são alvo de rejeições, fenômeno que se tem acentuado nas mais complexas, individualizadas e pluralizadas sociedades de hoje.

Memória, esquecimento e expectativas na construção selectiva do passado

Todos estes condicionamentos ditam que a memória seja sempre *selectiva* (Todorov, 1998), pelo que ela não pode ser encarada como um armazém inerte, onde, por ocasional e arbitrária acumulação, se recolhem os acontecimentos vividos por cada indivíduo, tal como acontece com as coisas amontoadas no sótão da casa dos avós. Bem pelo contrário. Ela é retenção afectiva e "quente" dos "traços" inscritos na tensão tridimensional do tempo que permanentemente a tece. Por isso, o esquecimento, sendo uma "queda" e, portanto, uma "perda" – daí, a nostalgia e a saudade –, só será definitivamente o nada se ficarmos surdos e cegos à reminiscência do que já foi conhecido e, sobretudo, vivido.

Defrontando a incessante dialéctica que existe entre a recordação e o esquecimento, e tendo em vista uma assumida demarcação dos planos psico-fisiológicos da memória (corticais, psíquicos), Ricœur procurou decifrar o enigma da representação do passado na memória. E recorreu à resposta dada por Platão no *Teeteto* através do *eikôn*, isto é, da imagem-recordação, a fim de sublinhar o seu paradoxo: ele é a presença, no espírito do homem, de uma coisa ausente, ou melhor, é *presença da ausência*. Mas a esta característica da memória, Aristóteles juntou esta outra: ela transporta a marca do tempo, o que define uma linha de fronteira, por mais móvel que ela seja, entre, por um lado, a imaginação e o fantasmático, e, por outro lado, a memória, que se refere a uma anterioridade, ao que já aconteceu (Dosse, 2008).

Daí que, àquelas duas manifestações de traços memoriais, o filósofo tenha articulado uma outra, a que chamou *memória material*, nível em que os traços abrem a possibilidade de o esquecimento ser historiável. No entanto, ter-se-á igualmente de pesar a destrinça entre um *esquecimento irreversível* e o *esquecimento de reserva*, já que só este potencia a assunção do que já não existe, como memória e como historiografia, porque o primeiro é o reino do vazio, enquanto, no segundo, o esquecimento se reveste de uma significação positiva (Ricœur, 2000; Dosse, 2008).

Tem-se consciência de que o uso desta terminologia pode gerar confusões, por remeter explicitamente para uma longa tradição metafísica, e por sugerir algo controverso, a saber: a definição do esquecimento como um produto da memória. Não pensava assim Heidegger, por exemplo, para quem a pergunta sobre o ser-aí (*Dasein*) obrigava a defender-se que aquela (*Erinnrung*) é consequente ao esquecimento (*Seinsvergessenheit*), e não o contrário, como pretenderam Platão e os seus continuadores essencialistas e metafísicos. E essa radicalidade patentar-se-ia ao analisar-se o *Dasein* na sua existência quotidiana, banal e inautêntica, isto é, como *das Mann*, experiência em que o seu cariz finito, que o faz um ser-para-a--morte, estaria sob o manto da amnésia. Por isso, a este nível, o tempo é concebido como uma sequência em que o futuro, enquanto espera de acontecimentos, se configura como uma continuidade do presente, logo, como um prolongamento uniforme do passado. Permanência que mascara, pelo olvido, a aproximação inquietante da morte futura (Barash, 2004).

Assumir esta derradeira condicionalidade significa o acesso à autenticidade existencial, recordação que só pode emanar do esquecimento, e não o contrário. No entanto, a decisão da sua autenticidade não é descrita, por Heidegger, em termos de memória, mas de repetição (*Wiederholung*). Por ela é relembrado ao *Dasein* que essa escolha tem de ser norteada pela finitude inerente à sua condição de ser-para-a-morte. O que, ao nível da experiência do tempo, conduz a um confronto com um futuro exclusivamente individual, horizonte que explica o pouco relevo que ele deu à memória, carência que está em evidente consonância com a sua análoga desvalorização da historiografia, bem como de todas as questões que pudessem desaguar na socialização da vida autêntica do *Dasein*, mormente as respeitantes à problemática da memória histórica. Daí que se tenha visto neste posicionamento, gizado contra o platonismo, não uma ruptura com a metafísica clássica, mas a sua manutenção mediante o prolongamento da cesura entre a filosofia e a vida pública, algo impossível quando, sem se cair no essencialismo, se evidencia o papel da anamnese (Barash, 2004).

A autenticidade existencial heideggeriana, ao lembrar-se da finitude e da morte, esqueceu-se não só da memória, mas também de uma outra condicionalidade humana que não é extinção definitiva da alteridade, mas criação genesíaca que a possibilita: o *nascimento*. Hannah Arendt, antiga discípula e companheira de Heidegger, sublinhou este dualismo precisamente para reivindicar a importância da memória e da vida pública. Mergulhado na *physis*, o homem age contra o determinismo através: do *trabalho*, para garantir a sobrevivência da espécie; do *obrar*, em ordem a assegurar artefactos menos corruptíveis, como a escrita, e a conferir mais permanência à índole fútil e evanescente da finitude do tempo humano; e, por fim, da *acção*, que, contra os ditames da natureza, cria "a condição para o recordar, quer dizer, para a História" (Arendt, 1968). E se estas expressões estão interligadas, o nexo mais estreito com a *natalidade* é mantido pela *acção*.

Compreende-se, já que esta, rompendo com a repetição da natureza, reifica o que cria, de molde a *conservar* e, assim, vencer a degradação provocada pelo tempo. Como é lógico, tudo se dá, como em Heidegger, num horizonte limitado pela morte. Mas é precisamente porque a *acção* se afirma como construtora de "*structures de souvenance*" que o homem pode aspirar a uma durabilidade estável devido aos efeitos da *praxis* plasmados na obra histórica, na obra política, na obra de arte etc. Isto é, "*en créant des conditions pour le souvenir sous forme de mots et de faits, l'œuvre effectuée à travers le souvenir approche 'l'immortalité' terrestre*" (Barash, 2004).

Nesta acção, a anamnese não eleva a alma a um reino eterno de ideias imutáveis e essenciais, nem põe em prática uma intelectualizada dialéctica ascendente que as volta a intuir através da libertação do mundo dos sentidos e da *doxa*. Dir-se-ia que o inscrito na memória não pode ser definido como um *intellectus archetypus*. O esquecido pode sempre vir, com rosto retocado, bater à porta do andar de cima onde mora o acto de recordar. Porém, qualquer que seja o seu percurso, essa ascensão é activa, pois produzirá as inevitáveis metamorfoses ditadas pela mediação das estratégias de vida (de que ela faz parte) e que age como uma *re-presentificação* doadora de futuros ao passado.

Do lado das incidências políticas desta actividade, é fácil presumir que Platão e Aristóteles não acreditavam que os mortais se pudessem "imortalizar" através de grandes factos e de grandes palavras. Ligada à *praxis* e à luta contra a *physis*, a recordação reactualizava a memória e reproduzia cadeias geracionais através de narrações que iam desde as dos tempos míticos, em que o mundo ainda estaria cheio de deuses, até as registadas em verso ou em prosa. Deste modo, ganha sentido que a fundamentação do uso público da memória tenha os seus arcanos em Homero, Heródoto e Heráclito. E mais à frente serão retomadas as consequências desta perspectiva, ao analisar-se a estranheza metafísica dos filósofos gregos perante o aparecimento de um gênero novo, apostado, como o trabalho dos aedos, em combater o esquecimento e a que se chamou *Histórias*.

Por tudo isto, ter-se-á de concordar que a memória e o esquecimento se exigem reciprocamente. Se a vida é impossível sem a primeira, nem que seja ao nível da sua acção como proto-memória ou como *habitus*, ela seria igualmente impossível sem o esquecimento. Disse-o Nietzsche (1999) na sua palinódia contra os abusos historicistas da memória e relembrou-o Renan (1992), ao sublinhar o papel positivo da amnésia na consolidação da memória individual e colectiva. De facto, em 1882, ao equacionar o cariz contratual da origem das nações – em confronto com o peso da tradição –, escreveu: *"L'oubli, et je dirai même l'erreur historique, sont un facteur essentiel de la création d'une nation."*

Ora, seja como recordação ou como esquecimento, nunca é o passado que se impõe ao presente, mas é este, enquanto permanente tensão e protensão, que vai urdindo as tonalidades – que podem chegar à patologia – de presença do ausente (Dosse, 2006). Logo, não será correcto figurar a memória sob o signo do ícone platónico, ou como um depósito de coisas inertes, e caracterizar a indefinível experiência individual do tempo como se passado, presente e futuro fossem uma mera soma de categorias temporais. E só por desconhecimento dos processos de *enraizamento* se poderá confundir esta atitude com o passadismo, ou pensar que ela se esgota na nostalgia, ou, de um modo menos referencial, na saudade, não por acaso sinónimo de desejo de tornar presente o que se sabe ausente. Como toda a retrospectiva sentida, ela é uma *retro-protensão*, mas em que nem o antes se mantém *em si* e *por si*, nem o futuro é exclusivamente absorvido, como em Heidegger, pela certeza da finitude e da morte.

A unidade do *eu*, ou melhor, a ipseidade (Ricœur), atravessa os vazios da amnésia como se o percurso autobiográfico fosse um *continuum*, cuja coerência existencial unifica os buracos negros da caminhada, isto é, como se, desde as suas primícias, cada estratégia de vida fosse incidível do cumprimento de uma omnipresente vocação específica: a de se realizar como projecto. De onde o cariz totalizador e teleológico da recordação, pois a retrospectiva, esquecendo-se do esquecimento, cose um enredo finalístico que domestica o aleatório, o casual, os efeitos perversos e descontínuos do real-passado quando este foi presente. Em certa medida, ela é – como as outras narrativas que exprimem a historicidade do homem – uma previsão ao contrário (o *efeito* é a causa não confessada da sua própria *causa*).

Daí que, na anamnese, a história e a ficção se misturem, a verdade factual se mescle com conotações estéticas e éticas, e que já Halbwachs encontrasse na narrativa memorial uma "lógica em acção", onde os pontos de partida e de chegada são escolhidos pelo próprio evocador (fale este em nome individual – no cumprimento de estratégia auto-legitimadora de um percurso de vida –, ou em nome de um grupo: família, associação, partido, igreja, nação, humanidade). Mas também se entende que, com a irrupção do recalcado, essa continuidade seja desconstruída, ruptura que pode levar a estados patológicos.

Tensão que está ainda mais patente quando o recordado é fruto de uma rememoração "quente", faculdade que, como assinalou Walter Benjamin, não se limita a evocar o passado; ao contrário, ela deseja transformá-lo, em ordem a ultimar-se o que o tempo deixa sempre inacabado. Em suma: quando é acto de revivescência, *"elle est l'instrument d'efficacité retrospective du présent sur le passé; grace à elle le temps historique cesse d'apparaître comme irreversible"* (Stéphane Mosès, 1992). A recordação é a prova de que se pode experienciar o tempo fora dos quadros do causalismo mecânico. Por isso, a convocação do acontecido não é escrava da ordenação irreversível, causal ou analógica em relação ao presente. Os seus nexos são urdidos por afinidades electivas e estas determinam que cada presente construa a sua própria história dentro do horizonte de possibilidades que ele é, não só em função da onticidade do que ocorreu, mas também das suas carências, necessidades e expectativas. Como, algures, afirmou Balzac, afinal, "a esperança é a memória que deseja".

O recordado como a ponta do *iceberg* do esquecido

Também se sabe que a memória (subjectiva e/ou colectiva) tende a olvidar-se do esquecido que constrói, bem como a não reconhecer que ela é uma espécie de ponta do *iceberg* do subconsciente ou inconscientemente recalcado (Augé, 1998). Quer isto dizer que o ausente pode ser tão importante como o lembrado, como o enfatiza uma religião tão anamnética como a judaica (Yerushalmi et al., 1988). E se uma parte deste continente submerso é passível de ser recordada, o certo é que existirá sempre a ameaça da amnésia, permanente direito de portagem que a anamnese tem de pagar ao esquecimento. E, conquanto esta dialéctica tenha muito de espontâneo, quanto maior for a dimensão colectiva e histórica da memória, maior será a margem de manobra para o seu uso e abuso (Todorov, 1998).

Destarte, como acreditar que a recordação seja voz verdadeira do pretérito e como não perceber que é ela quem dá futuros ao passado, numa actividade de *re-presentificação* que, se não for praticada, será devorada pela corrupção do tempo? A memória poderá desempenhar a sua função social através de liturgias próprias, centradas em suscitações que só os *traços-vestígios* do que já não existe são capazes de provocar. Portanto, o seu conteúdo é inseparável não só das expectativas em relação ao futuro, como dos seus campos de objectivação – linguagem, imagens, relíquias, lugares, escrita, monumentos – e dos ritos que o reproduzem e transmitem; o que mostra que ela nunca se desenvolverá sem a presença de registros interiores (*traços*) que, do exterior, os suportes materiais, sociais e simbólicos podem reavivar.

Mais especificamente, a *re-presentificação* é *experiência temporal* indissociável da sua *espacialização*. Contudo, esta faceta não se restringe à sua materialidade, pois também forma um *campo semântico* que garante uma *duração que simula a da eternidade* – o rito suspende o tempo banal –, base necessária para identificar e perpetuar as mundividências individuais e grupais. E a pluralidade de tempos, unificados na memória sempre em tensão, implica cortes na homogeneidade do espaço, ainda que, em certos casos, a incidência se dê sobre a mesma realidade física que a sacralidade da recordação e da celebração fragmenta em diversos "lugares de memória". Maneira de dizer que a memória *temporaliza o território*, marcando-lhe fronteiras, que agem como significantes, porque "*l'espace social est […] nécessairement dans le temps […] car l'image de l'espace ne dure que dans la mesure où le groupe fixe sur elle son attention et l'assimile à sa pensée*" (Halbwachs, 1997). Com essa apropriação, entra-se no campo simbólico. E este transformar-se-á tanto mais em *património* quanto mais se passar da *recordação vivida* para a *comemoração institucionalizada*, domínio da *repetição* em que a memória pública aparece integrada num ordenamento do tempo comandado pelas políticas da memória.

Memória e monumento

Em suma: não há representação memorial (nem historiografia) sem *traços*. Registrada desde o século XII, a palavra (do latim *tractus*) referia-se a uma sequência de impressões deixadas pela passagem de um animal; o que lhe permitiria funcionar como *testemunho* e *indício*, como ensinaram Lévinas, Ginzburg e Paul Ricœur. Pelo que não surpreende que a extensão do seu significado se tenha alargado, referindo-se, hoje, a qualquer vestígio humano, voluntário ou involuntário. E se a memória material só age a partir de *traços* inscritos na mente, ou deixados no seu exterior, a sua produção como *metamemória* requer a exteriorização das representações do tempo e do espaço pelo rito, prática anamnética nuclear nas sociedades sem escrita, mas que não se extinguirá nas que irão desenvolver outras *ars memoriae*.

Aliás, não deixa de ser sintomático que a própria origem da palavra *memória* pareça solicitar o *traço* e o rito. Com efeito, a expressão latina *monumento* deriva da raiz indo-europeia *men*; e esta também se aplica a uma das funções nucleares do espírito (*mens*), a *memória*. Mas a ligação entre o *monumento* e a *memória* não pode ser vista em termos exclusivamente eruditos; ela também convida ao relacionamento das dimensões espaço-temporais que ambos os conceitos implicam (Le Goff, 1984, 1991). E se todo o monumento é *traço* do passado, consciente ou involuntariamente deixado, a sua leitura só será *re-suscitadora* de memórias se não se limitar à perspectiva gnosiológica e "fria" (típica da leitura patrimonial, museológica e historiográfica) e se for afagada na partilha com outros.

Na verdade, nas suas enunciações mais afectivas, o *diálogo* entre o presente e o passado quase anula o distanciamento entre o sujeito e o objecto e constitui, mais do que uma prática frívola e egoide, um acto cordial e comunitário, um *re-cordare com*, isto é, um *co-memorar*. Nesta dimensão, a memória só pode ser narrada na linguagem pública e instituinte do rito, pois comemorar, na acepção que melhor cumpre o acto vivificante do recordar, é sair da autarcia do sujeito (manifestação potencialmente patológica) e integrar o *eu* na linguagem comum das práticas simbólicas e comunicativas.

A mediação espacial do *traço* surge, portanto, como condição necessária para que a recordação não degenere em exclusiva imaginação, e para que, ao ser prática *re-presentificadora*, seja também enunciação que ordena o caos e a descontinuidade *événementiel*, doando sentido à vida dos indivíduos e dos grupos em que cada um se integra. Mas também é verdade que, se o *monumento* é símbolo que espera a recordação, o seu significado mais radical só será apreendido se as suas conotações forem confrontadas, tanto quanto for possível, com o que elas também omitem e ocultam.

A memória como narrativa

Não obstante só os indivíduos poderem recordar, os ritos anamnéticos e, particularmente, os comemorativos têm efeitos holísticos e desempenham funções instauradoras de sociabilidades (Bourdieu, 1986) que ultrapassam o problema da *fidelidade*, a principal pretensão cognitiva da memória. É que, como se assinalou, esta também tem um papel *pragmático* e *normativo*. Em nome de uma história ("era uma vez"), ou de um património comum (espiritual e/ou material), ela insere os indivíduos em cadeias de *filiação identitária*, *distinguindo-*

-os e *diferenciando-os* em relação a *outros*, e exige-lhes, em nome da inefável identidade do *eu* – ipseidade suposta como o actante omnipresente em todas as fases da vida – ou da perenidade do grupo, deveres e lealdades endógenas. O seu efeito tende a traduzir-se numa *mensagem*, ou melhor, tende a interiorizar-se como *norma*.

Como salientou Yerushalmi, é da essência da memória o que a palavra hebraica *Zakhor* ("tu lembrar-te-ás") traduz, a saber: a necessidade de se "continuar a narrar" o acontecido através da mesma narrativa, a fim de, contra a amnésia, se manter e transmitir viva a presença do que se passou. Mas, ao invés do que acontece em outras religiões, a sacralidade judaico-cristã não subsume o histórico, já que, longe de sair do tempo, a sua recitação, que memoriza e não cessa de recordar, transcorre da temporalidade, isto é, está inscrita "*dans le temps que l'on raconte, mais aussi dans le temps de celui qui raconte*" (Hartog, 2005; Pereira, 1999). E é este imperativo que, ao pagar a dívida da *herança*, constrói, conserva e renova identidades, domesticando o fluxo do tempo num presente que se esvai como um *sendo*.

Tal anelo não pode escamotear a ambiguidade do trabalho da memória: se, por um lado, esta é o que, do passado, é reversível e aceita no presente por todos os que a recebem, a reconhecem e a prolongam ao longo de gerações, por outro lado, ela tende a esconder que a corrupção do tempo (e a historicidade do homem) também trespassa as suas reactualizações e transmissões. Consequentemente, tem de se reconhecer que a *identidade* é um produto social, de certa maneira sempre em devir no quadro de uma relação dialógica e temporal entre o *eu* e o *outro* (Candau, 1996). Mas, se isto é certo, também o é a face complementar deste trabalho: a de dar forma às predisposições que condicionam os indivíduos a *seleccionarem* as marcas do seu pretérito, processo psicológico em que as recordações são acompanhadas pelo que se olvida, pois, quer se queira quer não, *escolher implica, igualmente, esquecer, silenciar e excluir aquilo de que já se teve notícia.*

Ganha assim sentido afirmar-se que *"la mémoire se présente comme une possibilité de récit organisé"* (Namer, 1987) e que, como bem sublinhou Joana Duarte (2006), tal ocorre "porque nela se articulam os preceitos narrativos que perpassam todas as narrativas, naturais ou artísticas: a diversificação, a dinâmica da sucessividade, a objectivação, a exteriorização" (Duarte, 2006), características particularmente patentes quando ela se expressa como *memória reiterativa* (Barash), ou como metamemória.

Filiar, identificar, distinguir

Na modernidade, o núcleo social em que, paradigmaticamente, se concretizou a assunção da herança memorial como *norma* foi o da família (a memória do *eu* é sempre, em primeira instância, uma memória de família, ou, talvez melhor, de "pátria"). Ponto de vista que ajuda a clarificar os laços existentes entre o trabalho de *identificação*, *distinção*, *transmissão* e a sua interiorização como *norma*: recorda-se o espírito de família, porque, contra o caos anómico, é necessário preiteá-lo, retransmiti-lo e reproduzi-lo.

De facto, os complexos, as reminiscências comuns e as repetições rituais (festas familiares), a conservação de saberes e símbolos (fotografias e respectivos álbuns, a casa dos pais ou dos avós, as campas e mausoléus, os marcos de propriedade, os papéis de família, os odores, as canções, as receitas de cozinha, a patronímia, os nomes), a par da responsabilidade da transmissão do conteúdo das heranças (espirituais ou materiais), são condições necessárias para a criação de um *sentimento de pertença*, em que os indivíduos se reconheçam dentro de totalidades genealógicas que, vindas do passado, pretendem, sem solução de continuidade, projectar-se no futuro. E, mesmo quando existem revoltas individuais contra esta função integradora (como nos conflitos de gerações), é ainda no seio deste mundo que elas irrompem, prova de que, sem a memória, as suas identidades não possuiriam dimensões simultaneamente filiadoras e escatológicas secularizadas.

Numa escala mais extensa de socialidade – como nas classes, nos grupos sociais, na nação –, a analogia faz com que, como no indivíduo, a memória (social, colectiva, histórica) seja cerzida de acordo com critérios unificantes e de transmissão, o que se traduz na construção de similares sistemas de *filiação* (e de *linhagem*) necessários à inserção do indivíduo numa comunidade de destino. Mas importa destacar que, nas liturgias de recordação, existe sempre uma tensão entre *cordialidade*, ou melhor, entre *afectividade* e *conhecimento*, bem como entre memória e normatividade, antíteses que tendem a ser sintetizadas como *mensagens*. E estas actuam como correntes pulsionais que eticamente se expressam como deveres. Daí, a estreita relação entre *memória*, *identificação*, *filiação* e *distinção*, elo em que, porém, sem a primeira, as demais não existiriam.

Mesmo no campo estritamente subjectivo, cada indivíduo, ao recordar a sua própria vida (ou melhor, certos aspectos ou acontecimentos dela), une os instantes do seu *iter* existencial numa espécie de linhagem contínua e finalística. Para que esta convicção funcione, é necessário, contudo, que haja esquecimento. E só as inesperadas emergências do recalcado (afinal, o que outrora foi conhecido) põem em causa a textura criada pela retrospectiva. Reconhecendo-se, estranhando-se ou distanciando-se do que foi, o sujeito actualiza, sem cessar, a sua ipseidade (que também a diferencia dos *outros*), em diálogo (passivo, ou não) com passados comuns e na *retro-projecção* de um determinado sentido para a vida. Por este, o itinerário biográfico aparece, na ordem explícita do recordado, como um caminho que vai realizando uma identidade, construção que é trabalho psicológico necessário para a formação da personalidade e para um quotidiano não patológico.

Infere-se, assim, que a tarefa última das liturgias de recordação é gerar coerência e perpetuar o sentimento de pertença e de continuidade, num protesto, de fundo metafísico, contra a finitude da existência, ou melhor, contra o esquecimento, essa antecipada prova de que o homem caminha para a morte. De facto, o imaginário da memória liga os indivíduos, não só *verticalmente*, isto é, a grupos ou entidades, mas também *horizontalmente* a uma vivência encadeada do tempo (subjectivo e social), submetendo-os a uma "filiação escatológica" garantida pela reprodução (sexual e histórica) das gerações e por um impulso de sobrevivência, nem que seja na memória dos vivos. A memória reactualiza-se, portanto, num "campo de experiência" aberto à recordação e às expectativas, horizonte que a recebe como herança e como um imperativo de transmissão, num aceno em que se promete ser possível vencer a morte, jogo ilusório que faz esquecer que, tarde ou cedo (duas, três gerações?), também os mortos ficarão órfãos de seus próprios filhos. Seja como for, é por ela que a vida, ao dar futuros ao passado, sublima e adia a assunção da consciência humana da finitude. E não se pode qualificar como inautêntico o trabalho que acrescenta ao mundo que existe outros mundos possíveis.

Os futuros do passado

Foi na modernidade, e sobretudo no século XIX, que o ritualismo memorial ganhou a sua mais pública expressão, podendo mesmo sustentar-se que, então, se viveu o "século da memória" (Nora, 1984), ou, talvez mais concretamente, da "metamemória". Mas ele também foi, e não por acaso, o "século da história", isto é, o século da edificação da ideia de nação. Entende-se. As transformações sociais, culturais e simbólicas impeliam os indivíduos, as famílias, as novas associações (assentes no contrato), as classes, os novos Estados-Nação a procurarem no passado – como o havia feito a antiga aristocracia – a sua legitimação. E é a mesma estrutura teleológica (como uma retrospectiva ao contrário) que se encontra nas convocações postas ao serviço da prática instituinte e de reconhecimento das identidades colectivas, bem como – e tal será destacado no seu lugar próprio – do delineamento finalístico do evolucionismo histórico desenhado, em termos mais teóricos, pelo combate contra a inexorável degradação trazida pelo curso do tempo.

Estas ilações não são contraditadas pelo facto de a recordação e os seus ritos serem cíclicos (todo o rito é uma repetição). É que essa característica é movida pela busca de sentido, atitude que situa a selecção do passado como se o escolhido fosse passos do caminhar evolutivo da vida (individual e colectiva). E não basta dizer que não há memória sem algo que se fixe e se estabilize em "quadros de memória" (Halbwachs), pois estes só nascem e ganham forma no ponto de encontro entre, por um lado, o que passa e muda, e, por outro lado, o que, condicionado pelas expectativas, aspira a manter-se, a reproduzir-se e a repetir-se.

É certo que, na mente, não existem vazios nem esquecimentos absolutos (Halbwachs, 1997) e é muito discutível a tese dos que, como Bergson, defendem residir o passado, por inteiro, na memória de cada indivíduo, como páginas acabadas de um livro cujo conteúdo os limites do cérebro impedem de estar permanentemente presente na recordação. Com isto, secundariza-se a diferença entre *traço* e *imagem*, assim como a dimensão selectiva de todo o acto anamnésico. A análise das práticas *re-presentificadoras* (memoriais; historiográficas) mostra que novos *traços* podem despertar lembranças esquecidas e que novas alterações situacionais do evocador podem levar a "reescrever" o que nunca se esqueceu (os mesmos acontecimentos da infância, nunca olvidados, terão o mesmo significado quando relembrados aos vinte anos e, depois, na velhice?). E acertam todos os que, ao demarcarem fronteiras a essa actividade de reconstrução, assinalam, porém, as possibilidades de renovação do adquirido e a maneira como cada *eu* vai revendo a sua biografia, a fim de justificá-la como projecto, faceta que, quanto a nós, Halbwachs não equacionou devidamente.

Tem-se por evidente que, no campo do que se recorda e do que se esquece, nada está definitivamente congelado. Glosando a expressão com que Hegel qualificou o trabalho do negativo na efectuação da racionalidade histórica, pode-se supor, por ironia, a existência de uma dialéctica entre recordação e esquecimento que funciona, igualmente, como uma espécie, de *ardil da memória*, "manha" que, em face do renovamento potenciado pela imprevisibilidade do porvir, possibilita a existência tanto de futuros para o presente como, numa atitude justiceira, de futuros para o passado. Por conseguinte, *recordar* é *seleccionar* e *resgatar*, já que, como ensinou Walter Benjamin, a memória é *projectiva*, ou melhor, é inseparável dos olhares bifrontes nascidos da condição histórica do homem. E se, no que diz respeito ao tempo jurídico, o *pretérito pode prescrever* sem ser julgado, na historiografia (tal como na *memória histórica*) não deve existir o "imprescritível" (Jankélévitch, 1996): só lembrando se poderá explicar e compreender o que já foi. E essa é a condição necessária para que se possa alcançar uma "memória justa" e ascender ao reconhecimento e ao perdão (Ricœur, 2000).

A ilusória permanência do presente

Para muitos, as sociedades contemporâneas estão a provocar rupturas no campo das heranças e das expectativas, como se de *sociedades amnésicas* – padecendo, segundo alguns, de uma espécie de *mnemotropismo* – se tratasse. Serão tais mudanças fruto da maneira como o homem de hoje experiencia o tempo, vivendo-o como um simples somatório de momentos com hiatos entre si, e não como um *fieri* construído, indissociavelmente, pela recordação e pela esperança? E, como prova desta crise, aponta-se, amiúde, o que se passa no actual empolamento do problema da memória (e do esquecimento).

Na verdade, para alguns, esta enfatização seria uma consequência do ideal da *aceleração* do tempo e da *compressão* do espaço, fenómenos em boa parte decorrentes da massificação e urbanização da vida contemporânea (François Hartog, 2003). Esse mundo geraria anonimato e olvido, pelo que a valorização – em detrimento da memória do colectivo – da memória do *particular* (isto é, do *próprio* e *pequeno*) seria uma espécie de antídoto contra o sentimento de *perda* irreparável a que, inexoravelmente, conduziu a maior precipitação do tempo (e do espaço) (Huyssen, 2003; Sandoica, 2004) e a destruição da tradicionalidade.

No entanto, esta maior *privatização* do recordar também teria desencadeado respostas compensatórias, de cariz mais público, fenómeno bem patente na concomitante importância que os vários poderes (Estado, município, grupos vários, família) dão, depois do seu primeiro período de apogeu nas últimas décadas do século XIX, a um renovado fomento de *políticas de memória*.

No século XIX, o investimento historicista e comemorativo constituiu uma prática adequada a uma concepção *acumulativa*, *evolutiva* e *continuísta* do tempo (biográfico e histórico) e correspondia à função normativa e integradora da memória, de acordo com a dominante concepção progressiva da história. Ora se, então, foi assim, nos dias de hoje a situação parece ser outra. As transformações sociais e a contestação do historicismo e seus postulados – perfectibilidade, evolução, progresso, previsibilidade –, bem como o desenvolvimento de uma sociedade-mercadoria, instalaram um exclusivo e atomista sentimento de descontinuidade, pluralidade e não sentido em relação ao tempo psicológico e ao tempo histórico. Isto é, sob o efeito de uma crescente dissolução da vivência do tempo como *presente real* (complexo e tensional), subjugada na atemporalidade presentista do *tempo real*, tende-se a esquecer que a própria memória é retrospecção comandada pela ideia de futuro.

Se, no *presente real*, se entrecruzam heranças e expectativas, o *tempo real*, ao contrário, parece transcorrer como *tempo vulgar*, como se fosse uma mera soma de acontecimentos irrepetíveis, no qual cada momento é também o esquecimento do instante que o precedeu. Como sublinhou Miguel Baptista Pereira (1999), "a memória é inseparável da relação entre passado, presente e futuro, que, por sua vez, não são diferenças punctiformes aritmeticamente somáveis, mas modos temporais com passado, presente e futuro". E como "houve passado, presente e futuro no passado, há passado, presente e futuro no presente, haverá passado, presente e futuro no futuro", pelo que, viver no *presente real* é viver a riqueza da "memória de acção".

Diferentemente, o *tempo real* encerra, tão somente, uma *acção sem memória*, realidade que se afirma na actual valorização quantitativa do tempo-mercadoria tão característica das sociedades massificadas e de consumo, e de onde emana uma patente crise de sentido. E é esta crescente crença na existência de um *presente perpétuo* que estará a congelar a vivência memorial típica do *presente real*. Produto em vias de erodir, a memória, sobretudo na sua faceta pública, transforma-se em objecto da própria historiografia praticada como se estivesse a fazer *"un inventaire avant un décès annoncé"* (Hartog, 2003). Transmudou-se, em suma, em *memória-objecto*. Subjacente a esta conservação mumificadora estará a ilusão de se viver num eterno presente que, recalcando o futuro-futuro e as possibilidades de se dar futuros ao passado, congela o tempo, para dar lugar à incessante reprodução do efémero. E o aprisionamento turístico do histórico é, apesar de parecer o contrário, uma das expressões desse domínio.

Se é assim, continua a haver a necessidade de se perguntar: ao transformar-se a memória em mercadoria, cuja atractividade necessita de frequentes remodelações e releituras, não se estará, apesar de tudo, a abrir futuros às representações do passado, operação que contradita a autossuficiência do presente perpétuo, intrometendo-lhe a inquietação de quem sabe que ele não só não é o *fim da história*, como virá a ser um passado com pouco futuro?

Para muitos, a erosão hodierna da memória – individual e colectiva – e a perda de referências, assim como o decréscimo da adesão dos indivíduos a identidades holísticas extensas, terão as suas causas principais no esgotamento das "filiações escatológicas", ou melhor, no definhamento das grandes memórias organizadoras e reprodutoras, quer do elo social (a família, a igreja, o partido, o sindicato e, sobretudo, a nação), quer do sentido da vida. A ideia de futuro foi enfraquecendo, o que provocou um maior distanciamento entre o "horizonte de expectativas" e o "campo de experiência" (Koselleck, 1993). Simultaneamente, os ritos colectivos de recordação transformaram-se em cerimónias cada vez mais "frias", sem a seiva da comunhão ritual, enquanto os *traços* são apreciados como objectos a preservar, em nome de uma política patrimonial que, elegendo como "lugares de memória" tudo o que é antigo, ou que se julga histórico, pode acabar por não circunscrever e sacralizar lugar nenhum. Cresceram, por isso, os usos e abusos da memória. E as causas são várias: manipulações ideológicas (exemplo: as comemorações), orientação mercantil do culto do passado através de um presentismo que bloqueia a recordação e fomenta o efémero, aculturações devido à imposição de memórias estranhas (Ricœur, 2000a). E, a este propósito, alguns historiadores falam, hoje, na existência de uma preocupante "tirania da memória", exercida pelas versões oficiais, ou pela pressão de grupos pouco interessados em sujeitarem as suas leituras ao crivo das interpretações críticas (Dosse, 2008).

Ora, quando a evocação se banaliza, está-se perante uma comemoração-repetição e antiquária. Proust e Walter Benjamin avisaram que recordar (ou historiar), com a exclusiva finalidade de restituir ao património colectivo os acontecimentos do pretérito e de, frivolamente, os celebrar, leva ao conformismo que medra quando a memória sobrevive como mecânica tradição. E, segundo o autor de *Angelus novus*, esta atitude não permite dar-se conta de que certos modos de honrar o passado são recordações mais funestas do que o seu olvido definitivo (Mosès, 1992). Sendo assim, não se podia confundir a *comemoração* – cujos ritos aparentemente cíclicos estavam ao serviço de uma visão homogénea, vazia e irreversível do tempo – com a *rememoração* (*Eingedeken*), experiência decisiva para se poder viver o "tempo de hoje" (*Jetztzeit*) como fruto da conjugação fulgurante entre o passado e o presente com um fundo de messianidade.

Nos anos de 1920, Rosenzweig (1982), Walter Benjamin (s.d.) e Scholem (1987) recorreram ao paradigma estético para contestarem a índole estreita da causalidade necessitarista e mecânica que ditava a visão continuísta e progressiva do tempo. Essa seria a mundividência mais conveniente à narrativa da história dos vencedores. Como alternativa, queriam exaltar as potencialidades da passagem do *tempo da necessidade* para o *tempo dos possíveis*. O fundo do messianismo judaico em que se integravam convidava-os a operar com *temporalidades descontínuas*, mais propícias a pensar-se a criação e a aparição do *novo*. Por outras palavras: "*Le modèle esthé-*

thique de l'histoire remet en question les postulats de base de l'historicisme: continuité du temps historique, causalité régissant l'enchaînement du passé vers le présent et du présent vers le devenir" (Mosès, 1992). Este tipo de retrospectiva linear se relacionaria bem com a lógica da "história dos vencedores", percurso que a suposição de um presente com capacidade para se renovar eternamente estaria a confirmar.

O poder sedutor desta ilusão reside no facto de ela insinuar, acriticamente, que se pode parar tudo o que muda. E, para alguns, esta nova experiência do tempo é causa e feito de uma sociedade amnésica, mesmo quando isso parece estar a ser desmentido por fenómenos como o crescimento do turismo cultural, pelo correlativo arrolamento dos "lugares de memória" e pelo ciclópico armazenamento de informações, prática facilitada pelas novas tecnologias da *ars memoriae*. Outros, porém, assinalam – talvez de uma maneira mais avisada – que a crise é, tão-só, sintoma da afirmação de caminhos mais plurais e diversificados de objectivação memorial, devido à fragmentação dos sistemas culturais e à sua miscigenação nas sociedades contemporâneas. *E a pluralidade de expectativas e de memórias é o inevitável corolário da existência de uma pluralidade de mundos e de uma pluralidade de tempos sociais.*

Olhando para tais modificações – no campo histórico, comumente ligadas ao questionamento da validade da concepção linear, acumulativa e eurocêntrica do tempo –, talvez se esteja a assistir, não a uma desritualização e desmemorização, mas a uma ainda pouco perceptível afirmação de novos ritos e de novas formas de socializar e vivenciar memórias. Quando muito, aumentou a consciência do valor cada vez menos apelativo das suas formas tradicionais de concretização, embora estas se mantenham (comemorações, centenários, estatuária, personalização da toponímia, panteonizações) como manifestações e cerimônias inscritas em políticas da memória devidamente planificadas.

De qualquer maneira, tudo isto indicia que, hoje, já não é o rito (primordial actualizador de memórias) que cria o elo social, não obstante continuar a ser válido dizer-se que a recordação não pode refugiar-se no ensimesmamento, nem reduzir-se à sua dimensão psíquica: ela deve ser acto de abertura cordial ao outro. Caso contrário, a centralidade do *eu* tornar-se-á narcísica e egóide, quebrando a relação de alteridade (e de socialidade) em que a memória se constrói, destruindo-se, com isso, a sua própria identidade subjectiva. Isto é, cada indivíduo não pode esquecer-se de que só recordando os outros de si mesmo se recorda.

Em síntese: o fundamento último da comprovação psicologista de que não há memória sem esquecimento encontra-se, afinal, no conhecido aviso proferido por um velho sábio grego: "os homens morrem, porque não são capazes de juntar o começo ao fim"; somente *Mnemósyne*, divindade da memória, pode ligar o que nós fomos, o que nós somos e aquilo que seremos; os sem memória, ou os absolutamente anamnésicos (como em *Funes ou la mémoire*, uma célebre "estória" de Jorge Luís Borges (1957), esses, nunca poderão saber de si). Daí que, como frisou Nietzsche, seja importante reivindicar o direito ao esquecimento activo, pois tanto os abusos da amnésia como os da recordação provocam os mesmos efeitos: a impossibilidade da vida. Porém, criar e reconhecer o *novo* será impossível se se acreditar que cada momento condensa em si toda a história (individual ou colectiva), ou que, então, assinala o seu grau zero absoluto. Tanto a carência de conhecimentos históricos como os seus excessos debilitam a "força plástica da vida", porque não compreendem as condições em que o passado pode ser um alimento vigorante (Nietzsche, 1999). Mas também se terá de perceber que não haverá vida sem expectativas a mediarem o presente e o pretérito. Em qualquer dos casos, quem recorda (ou quem historia) deve esforçar-se por não se esquecer do que ficou esquecido (Augé, 1998), conquanto saiba que essa é uma tarefa de Sísifo; nem sequer os historiadores poderão fugir a essa condicionalidade. E tanto a memória (a recordação) como a escrita da história estão irmanadas por este objectivo comum: vencer semioticamente a consciência da fugacidade do tempo.

Capítulo 2

A historiografia como *"ars memoriae"*

Sabe-se que, pelo menos nas civilizações arcaicas, o distanciamento da origem era vivido como um estado de empobrecimento ontológico. E esta ontologia foi prolongada pelas cosmogonias greco-romanas, com o seu ideal epistémico essencialista e, consequentemente, com a redução do tempo ao mundo da corrupção e das aparências, sobre o qual seria impossível o conhecimento. Como é lógico, é dentro destes parâmetros que se deve entender a função social que os gregos atribuíam à escrita da história: esta devia ser bela e pragmática, dado que os ritmos da vida poderiam vir a repetir-se. Mas, enquanto "arte de memória" e protesto contra a mortalidade a que estavam sujeitos os dizeres e as obras humanas, ela também era *monumento* que, ao autonomizar-se da *physis*, lutava contra o esquecimento.

Quando a boca do tempo mordia a cauda do tempo

Como os estudiosos do tema têm sobejamente assinalado, o aparecimento de um género de literatura a que se deu o nome de "Histórias" estava nos antípodas das preocupações intelectuais dos gregos, sobretudo porque, mais do que uma fractura, a metafísica helénica terá conferido uma maior racionalização ao cariz ahistórico da mentalidade arcaica. Mesmo o seu pensador mais "dialéctico" (Heráclito) não só buscou um fundamento omnipresente para o devir, como defendeu que o movimento cósmico culminaria, tal como nas cosmogonias míticas, na deflagração universal (*ekpyrosis*). Por outro lado, a corrupção (e o esquecimento que lhe seria inerente) estava subordinada ao *causalismo formal* e *final*, pois o importante seria captar o que permanece, que especifica, enforma e determina a finalidade perseguida por aquilo que devém. O *fim* seria, portanto, a meta a que os entes particulares aspirariam, consumando-a num ciclo finito, mesmo que indefinidamente repetido e repetível, sempre diferente e sempre igual, num processo em que o *omega* seria a necessária explicitação do *alfa*.

Será pertinente perguntar, contudo, se esta metafísica não racionalizava a sobrevivência de concepções míticas acerca do eterno retorno. E aos que acham excessiva esta tese, deve lembrar-se que a configuração do tempo como um círculo também se encontra em Aristóteles, para quem, a par da eternidade do universo,

> o tempo parece ser o movimento da esfera, porque este movimento é o que mede os outros movimentos e mede também o tempo [...] e também o tempo parece ser uma espécie de círculo

[...] pelo que dizer que as coisas geradas constituem um círculo, é dizer que há um círculo de tempo [Aristóteles, *Problemas*, XVII, 3916 a].

De acordo com esta ontologia, compreende-se que, para este filósofo, todas as criaturas vivas, incluindo o homem (pelo menos enquanto género), estivessem incluídas numa natureza sempre presente e, por conseguinte, dotada de imortalidade (*Da alma*, 425b13). Mediante o ciclo repetitivo da vida, aquela assegurava, "para as coisas que nascem e morrem, o mesmo tipo de eternidade para as coisas que são e não mudam".

Reiterando-se o que Hannah Arendt escreveu acerca dos modos de relacionamento do homem com a *physis* (*trabalhar*, *obrar*, *acção*), conhece-se que seriam os efeitos desta última a garantirem a memória, campo que, por isso, mais interessa aos historiadores e à capacidade comunicativa do homem. É que só a *acção* possibilita, quer a fuga ao determinismo da espécie, quer a *anámnesis* através de estruturas de recordação materializadas em obras que pretendiam escapar à inexorável finitude da biografia individual. Condicionalidade que pode ser assim formulada:

> a mortalidade humana repousa no facto de que a vida individual, um bios com uma história de vida identificável do nascimento à morte, emerge da vida biológica, dzoé. Essa vida individual distingue-se de todas as outras coisas pelo curso rectilíneo do seu movimento, que, por assim dizer, secciona transversalmente os movimentos circulares da vida "biológica" [Arendt, 1968].

Dito de outro modo: só o natural teria estatuto de eternidade. E se o que resultava do *trabalho* ainda possuía esta característica – dado que colhia a sua matéria bruta da natureza –, o que resultava do *obrar* do homem e da sua *acção*, traduzido em factos e em palavras, estaria ainda mais sujeito à fugacidade e ao esquecimento, pois expressaria a individualidade de uma existência que, com tais obras e feitos, se subtraía à eternidade natural. Sendo assim, essa *acção*, qual luta contra a morte e a amnésia, só podia garantir a imortalidade através de "infra-estruturas" anamnéticas (Arendt, 1968). O que dá sentido ao escopo maior de Heródoto (1994): ele escreveu as suas *Histórias*, repita-se, "para que os feitos dos homens se não desvaneçam com o tempo, nem fiquem sem renome as grandes empresas, realizadas quer pelos Helenos quer pelos Bárbaros" (Livro 1º, 1.1).

Torna-se preciso ter presentes todos estes argumentos para se evitar interpretações anacrónicas, como a de se pensar que – mesmo nos autores que mais se aproximaram do antropocentrismo (os sofistas, por exemplo) – os gregos (e os romanos) podem ser elevados a uma espécie de precursores do historicismo moderno e, em particular, do seu princípio viquiano segundo o qual é o homem quem "faz" a história.

Perante o exposto, será útil indagar se, à luz destas hipóteses, não terão os ideais gregos de verdade (como os de bem e de belo) e a sua correlativa concepção geométrica do cosmos sido pouco sensíveis a um tipo de reflexão a que, mais tarde, se chamará "filosofia da história", independentemente das ideações sobre os processos de se pesquisar o passado que se encontram nos textos clássicos (Heródoto, Tucídides, Políbio, Cícero)? Sujeita à *tyche* (destino, fado), mas ameaçada pela *hybris* (desmesura), a assunção da história como antropodiceia não significaria fazer do tempo dos homens uma obra suprassensível, logo, com características análogas às da própria *physis*? Em suma: não seriam estas premissas incompatíveis com o núcleo forte do substancialismo metafísico grego?

Responder a estas questões, ainda que de um modo muito resumido, será uma boa base para se buscar as semelhanças e as diferenças que terão existido entre esta perspectiva e as ideias que nortearam o aparecimento da história (sobretudo com Heródoto) como género literário, afinal, também um bom barómetro para se avaliar a pertinência de o eleger como o marco fundador da historiografia.

Imediatamente se deve destacar esta nota diferenciadora: para a filosofia – a primeira e a mais geral de todas as ciências –, só o geral, o fixo e o necessário poderiam ser objecto de conhecimento (*episteme*). Como, "para quem trate de investigar o que é o contingente, resultará evidente que não haja uma ciência do contingente" (Aristóteles, *Metafísica*, XI, 8, 1064), a história (como historiografia) teria de ser epistemicamente mais pobre do que a própria poesia. Por palavras do estagirita:

> não é ofício do poeta narrar o que aconteceu; é, sim, o de representar o que poderia acontecer: o que é possível segundo a verosimilhança e a necessidade. Com efeito, não diferem o historiador e o poeta, por escreverem verso ou prosa (pois que bem poderiam ser postas em verso as obras de Heródoto e nem por isso deixariam de ser história, se fossem em verso o que eram em prosa) – diferem, sim, em que diz um as coisas que sucederam, e outro as que poderiam suceder. Por isso a poesia é algo de mais filosófico e mais sério do que a história, pois refere aquela principalmente o universal, e esta, o parti-

cular. Por "referir-se ao universal" entendo eu atribuir a um indivíduo de determinada natureza pensamentos e ações que por liame de necessidade e de verossimilhança, convêm a tal natureza; e ao universal, assim entendido, visa a poesia, ainda que dê nomes aos seus personagens; particular, pelo contrário, é o que fez Alcibíades ou o que lhe aconteceu [Aristóteles, *Poética*, 2000, 36; 2000, 10].

Por aqui se vê que, na hierarquia dos saberes, mesmo a poesia seria superior à história, dado que esta, limitada à descrição do que se move e aparece, só podia emitir a mera opinião (*doxa*), narrando, portanto, uma coleção de fatos particulares, enquanto aquela revelava capacidade para formular juízos mais universais.

Ver, ouvir, testemunhar

Assinalar esta depreciação é crucial para se inteligir o elo existente entre a historiografia e a metafísica gregas, começando por lembrar que aquela surgiu sob o signo do *olhar* e, logo, da *percepção*. Por exemplo, para Heródoto de Halicarnasso, considerado o "pai da história", as investigações (*historie, apódexis*) mais credíveis eram as que decorriam da observação directa (*ópsis*) e não tanto das fontes, ou mesmo das informações alheias, aceitas como meras notícias que o historiador-investigador devia registar, mas em que não era obrigado a crer. E esta atitude metódica provinha da própria semântica da palavra que a designava.

Com efeito, *historie* (forma jónica de *historia*) foi-se impondo pouco a pouco. E a palavra, formada a partir do verbo

historein (inquérito, na sua primitiva acepção, de âmbito judicial), derivava de *hístor* (raiz indo-europeia: *wid*), ela própria ligada a *idein*, ver, e a *oida*, saber. Dir-se-ia ser necessário ver para saber, e *hístor* significava, originariamente, *testemunha ocular* e, posteriormente, *aquele que examina testemunhas e obtém a verdade, através da indagação*. Todavia, Heródoto não só procura informações (*historei*), mas também conjectura e deduz (*semánei*) (Hartog, 1996, 2005).

Por conseguinte, *historein* refere-se tanto a testemunhar como a investigar e conjecturar, acepções que se tornarão mais claras a partir desta regra consignada no Gutapathe-Brahamana: discutem dois homens, dizendo um, "eu vi-o", e o outro, "eu ouvi-o". Não se negava valor informativo àquilo que tinha sido *ouvido*. Porém, ele era supletivo em relação ao da vista e requeria uma maior vigilância crítica. De qualquer modo, no privilégio dado à visão radicava o poder que o *hístor* tinha para dirimir as controvérsias, capacidade que o elevava ao papel de árbitro, de juiz.

Por sua vez, o termo *díke* (= justiça) tem por origem (ao contrário de *thémis*, que denota os fundamentos sacrais do direito positivo, a começar pela sua administração no interior do grupo familiar) o radical *deik-* (mostrar); logo, *díke* remetia para justiça, mas no sentido de *mostrar com autoridade, mostrar o que deve ser*; e este significado também se encontra no composto latino *iu-dex*, em que *deik-* aparece unido a *ius*: só o juiz pode *dizer ius* (Arendt, 1968; Marramao, 1989; Benveniste, 1969).

Verifica-se, assim, que as etimologias de *hístor*, juiz-testemunho, e de justiça confirmam o relevo dado às evidências testemunhais da visão. E a sua raiz permite ainda perceber por que é que, para os gregos, este tipo de "histórias" descrevia, dominantemente, o passado recente: especialistas em procedimentos judiciais, os historiadores davam particular atenção à *acribia* da observação directa, ou, segundo o modelo hipocrático aplicado na arte médica, à depuração do testemunho oral (Tucídides). Saliente-se que, na própria organização textual, expressões como "eu vi" não escondem o sujeito da enunciação, isto é, explicitam a intervenção do narrador no seu relato, doando-lhe autoridade e elevando o "eu vi" (ou o "eu digo") a garante de verdade. Também por isso, quando a retrospectiva vai mais longe e trata de tempos mais antigos e, portanto, não vistos, ela acaba por dar guarida (Heródoto) a relatos míticos e tradicionais (Châtelet, 1974), bem como a conjecturas.

Chegados a este ponto, deve perguntar-se se esta historiografia rompeu, por inteiro, com a mitologia (o que parece não ter acontecido com Heródoto), e se o seu modo de contar não terá dependido da passagem da *narração oral* para a *escrita*, trânsito que, como se escreveu atrás, fomentou uma maior racionalidade. De facto, se a primeira procurava convencer através da suscitação, no ouvinte, do espanto e do sublime, com a escrita, o trabalho de convencimento do leitor tinha de assentar em juízos argumentativos, por mais excepcionais e exemplares que fossem os factos narrados. E não há dúvida que, a partir dos séculos V e IV a.C., diminuiu a credibilidade do mito e aumentou a confiança nas capacidades da razão inquiridora, como se verifica na sofística e, principalmente, no diálogo socrático. Portanto, será lícito pensar que, por exemplo, entre Tucídides – com as suas preocupações com a prova (*autopsia*) – e Heródoto a diferença não está tanto na circunstância de ambos não procurarem a verdade, mas reside na finalidade dos seus discursos: o "escrever para sempre" (Tucídides) e o escrever para se declamar perante um público (objectivo ainda patente nos textos de Heródoto) põem em acção estratégias diferentes: em Tucídides, a *acribia* (a conformidade com os factos) excluía os "dizeres" não comprovados; em Heródoto, tentava-se prender a atenção do receptor, contando o que se viu, em ordem a gerar-se prazer através da sugestão da *mimesis* (Lozano, 1994).

A especificidade do novo discurso historiográfico terá residido na sua sensibilidade perante a vida concreta dos indivíduos e dos povos, isto é, do particular em detrimento do geral. De certo modo, ela também prolongava o protesto que, desde a construção de *monumentos* e da transmissão geracional possibilitada pela oralidade e pela poesia escrita, procurava compensar um fado que condenava o indivíduo, enquanto submetido ao seu ciclo biológico, à queda no esquecimento. E, não por acaso, o seu conteúdo incidiu, principalmente, sobre situações únicas, feitos ou eventos que "interrompem o movimento circular da vida diária, no mesmo sentido em que o *bios* rectilinear dos mortais interrompe o movimento circular da vida biológica. O tema da história são essas interrupções – o extraordinário, em outras palavras". Mas, se foi assim, poder-se-á concluir, sem mais, que os grandes feitos e obras de que são capazes os mortais, e que constituem o objecto da narrativa histórica, não podem ser vistos como parte de uma totalidade ou de um processo abrangente, porque "a ênfase recai sempre em situações únicas e rasgos isolados" (Arendt, 1968)? Se, com esta afirmação, se deseja defender que os gregos não postulavam a existência de qualquer *logos* que, imanente aos eventos humanos, se explicitaria num finalismo temporal sobredeterminado pela ideia de futuro, a tese aceita-se. Contudo, sabe-se que o uso da exemplaridade narrada pelos historiadores obedecia a propósitos de convencimento e a motivações pedagógicas, o que aconselhava a integrar os grandes eventos e respectivos heróis em totalidades, embora finitas e não assentes em qualquer pretensa lógica auto-suficiente a comandar a irreversibilidade do devir universal, ao contrário, porém, do que virá a acontecer nas futuras "filosofias da história".

Como alguma história da historiografia clássica tem sublinhado, comumente, as "investigações" seleccionavam conjuntos limitados de factos, que se tinham sucedido no tempo, para os explicar mediante uma ordenação que lhes dava *forma*, inserindo-os num todo coerente. Contra o caos, a narração construía uma totalidade, conquanto finita e fechada, mas que, tal como na tragédia, era tecida por uma trama com um princípio, um centro e uma conclusão. Assim, é explicável que os historiadores gregos (e romanos), mesmo os mais factualistas, não se tivessem preocupado muito com a descrição dos eventos tal qual eles aconteceram; estes só ganhavam sentido desde que fizessem parte de um enredo. Com isso, e ao invés do que pensou Aristóteles, o discurso historiográfico acabava por ultrapassar o particular (as situações únicas e as acções individuais), pois a verdade do narrado não estaria tanto na adequação dos enunciados à realidade, mas residiria, sobretudo, na sua correlação e correspondência com um modelo de virtudes – pressuposto que muitos, como Plutarco, não deixarão de explorar –, ou com uma teoria, principalmente com aquela que apontava para a existência de oscilações cíclicas nos negócios humanos (Políbio), ou a que acreditava na eterna identidade da natureza humana (Tucídides). Deste modo, a narração, apesar do seu aparente cariz doxográfico, veiculava um ideal de verdade que era sinónimo de construção de conjuntos harmoniosos, em consonância, aliás, com o que também se encontrava objectivado no ideal epistémico e estético da Hélade.

A historiografia nascente contava o que tinha acontecido com o fito de lembrar, à luz dos ritmos cíclicos, ou da repetição do que é característico da natureza humana, o que poderá vir a acontecer. E deste modo mostrava que, como o homem possuía uma pequena margem para fugir ao destino, a *tyche* não conduziria ao fatalismo absoluto, e o fado, que preside a vida humana, só teria um poder destruidor quando o indivíduo caísse na *hybris* e, portanto, numa cegueira que só podia conduzir os acontecimentos para a tragédia (Lucas, 1994).

O ritmo do cosmos, a raiz ahistórica da natureza humana e a fama (perpetuada pela escrita) são, assim, as traves-mestras que devem ser invocadas para se entender melhor o consabido preceito greco-romano (Tucídides, Políbio, Cícero) segundo o qual a história é mestra da vida (*historia magistra vitae*): "*Historia vero testis temporum, lux veritatis, vita memoriae, magistra vitae, nuntia vetustatis, qua voce alia nisi oratoris immortalitati comendatur*" (Cícero, *De oratore*, II, c. 9, 36 e c. 12, 51). A tarefa directora que Cícero adjudicava à história (ou melhor, à história como arte) tinha em vista obter efeitos análogos aos da oratória, fornecendo a esta, com pretensões à imparcialidade, uma colecção de exemplos pedagógicos (*plena exemplorum est historia*) (Koselleck, 1993). Para isso, e tal como outras formas de bloquear o esquecimento, a historiografia era também garante de transmissibilidade. O que dá sentido ao facto de ela ter sido qualificada como um verdadeiro testemunho contra a condenação ao *Letes*, isto é, como um discurso tanto memorial como aletológico ("*lux veritatis*") e "*vita memoriae*".

Capítulo 3

A representificação do ausente

Só um cientismo ingénuo pode aceitar a existência de uma radical separação entre a retrospectiva da memória e a retrospectiva historiográfica, tanto mais que ambas não são exclusivamente criadas pela imaginação e, ainda que por vias diferentes, aspiram ao verossímil, seja por fidelidade ou por veridicção. No entanto, o dilema não tem uma resposta consensual, e sabe-se que o primeiro grande teórico da sociologia da memória colectiva se esforçou por destrinçar, como se de dois campos sem conexão se tratasse, a *história vivida* da *história escrita* (Halbwachs, 1997). Mas, pensando bem, as características apresentadas como típicas da memória (*selecção, finalismo, presentismo, verossimilhança, representação*) encontram-se, igualmente, no trabalho historiográfico, sobretudo porque, hoje, este não se restringe à busca de explicações por causalidade mecânica, elevada a *deus ex machina* da visão linear, acumulativa, homogénea e universalista do próprio progresso. Afinal – e como adiante se verá –, a historiografia contemporânea, como saber *mediato* e *mediado*, também opera com a ideia de não continuidade do tempo e não reconhece a existência de um vazio entre o sujeito-historiador e o seu objecto; o que matiza o projecto de se alcançar uma verdade total e definitiva, meta ilusoriamente defendida por paradigmas ainda imbuídos de positivismo, mesmo quando julgam tê-lo ultrapassado.

Halbwachs, porém, quis separar as águas: enquanto a *memória histórica* seria um produto artificial, com uma linguagem prosaica e ensinável, destinada ao desempenho de papéis sociais úteis, a *memória colectiva* teria uma origem anónima e espontânea, uma transmissão predominantemente oral e repetitiva, bem como um cariz normativo. E o fito da sua argumentação era claro: demonstrar que o pensamento social é, antes de tudo, uma memória formada pelas recordações colectivas, objecto, portanto, do sociólogo e não do historiador, esse estudioso de coisas definitivamente mortas.

Esta posição reproduz a atitude clássica da escola de Durkheim em relação à historiografia, neste caso traduzida na defesa de uma radical separação entre a história e a memória, opção que reenvia aquela para o campo frio da erudição de arquivo. Além do mais, a história seria una, enquanto existiriam tantas memórias colectivas como os grupos sociais que as geravam. E elas se caracterizariam por serem memórias vivas, ao invés do objecto do historiador *"que ne peut faire son œuvre qu'à condition de se placer délibérément hors du temps vécu par les groupes qui ont assisté aux événements, qui en ont eu le contact plus ou moins direct, et qui peuvent se les rappeler"* (Halbawchs, 1997; Hartog, 2003).

Também para Febvre (1953), ou para Marrou (1954), a memória sacralizaria as recordações, enquanto o discurso historiográfico constituiria uma operação intelectual crítica, que desmistificaria e secularizaria as interpretações, objectivando-as através de narrações que ordenam causas e efeitos sequenciais, de modo a convencerem que a sua *re-presentação* do passado é verdadeira (Pomian, 1999).

Num outro registo e sem deixar de as distinguir, Nora (1984) situou o projecto colectivo, que coordenou – *Les Lieux de mémoire* (1984-1993) –, "entre *Histoire* e *mémoire*", sinal evidente de que, se não as opunha, também não as fundia, mas que se servia de ambas. Por outro lado, são conhecidas e pertinentes as posições que Ricœur tomou na contenda: para ele, a memória e a história (incluindo a historiografia) mantêm uma relação que, na perspectiva da inevitável presença de horizontes de pré-compreensão no questionamento historiográfico, consente pôr-se "*la mémoire comme matrice de l'histoire*" (Ricœur, 2000).

Propendemos para concordar com os que sustentam esta tese. E se outras razões não houvesse, bastaria ir ao encontro da raiz de onde nasce a necessidade de recordar para a perfilharmos, a saber: a experiência humana de domesticar os mortos através do culto tanatológico. E, por mais estranho que à primeira vista possa parecer às leituras pouco sensíveis ao simbólico, a escrita da história também é, à sua maneira, um "gesto de sepultura". Com efeito, as narrações do passado são equiparáveis à linguagem dos cemitérios nas povoações, porque procuram "re-presentar [ou, dizemos nós, *re-presentificar*] mortos através de um itinerário narrativo" (Certeau, 1975). Portanto, pode-se afirmar que a historiografia também exorciza a morte, introduzindo-a no discurso para criar, como no jogo *simulador* e *dissimulador* do culto cemiterial dos mortos, a ilusão da sua não existência. Indo aos fundamentos últimos desta função, pode-se mesmo concluir que o homem é um "animal histórico" porque necessita de "ajustar contas com a sua própria morte" (Eco, 1994).

A escrita da história como rito de recordação

O reconhecimento da existência de características comuns à memória e à historiografia não pretende negar a especificidade de ambas as narrações sobre o passado. Porém a historiografia nasceu como uma nova *ars memoriae*, crescentemente tornada necessária pela decadência da transmissão oral e pelo alargamento da afirmação da racionalidade. Têm deste modo razão os que consideram a passagem da narração oral dos mitos para a escrita como uma das condições necessárias para se reforçar a luta contra o esquecimento e, portanto, para se escrever "histórias" (Goody, 1996; Hartog, 2005), tendência que, dentro da narração épica, vinha, pelo menos, de Homero e que os "historiadores" (Heródoto, Tucídides) prolongarão.

Na verdade, Heródoto de Halicarnasso escreveu as suas *Histórias* "para que os feitos dos homens se não desvaneçam com o tempo, nem fiquem sem renome as grandes empresas, realizadas quer pelos Helenos quer pelos Bárbaros" (Heródoto, 1994, 1.1). E, seguindo Hartog, dir-se-ia que, face à "*l'immutabilité de la nature et à l'immortalité des dieux, ces traces foncièrement éphémères, la parole de l'historien s'en charge et son écriture les fixe. Successeur de l'aède épique, il aspire à se poser en 'maître' d'immortalité*". Logo, a historiografia tem de igualmente ser inserida na continuidade das grandes narrações orais, exercendo, na sua especificidade própria, funções análogas às demais práticas de recordação, incluindo as do culto dos mortos, prática que, para muitos, fez do homem, ao contrário do animal, o primeiro construtor de "documentos" históricos.

São conhecidos os efeitos de desmemorização que resultaram do alargamento do uso da escrita e do decréscimo do papel instituinte do rito, e é óbvio que a primeira alteração ocorreu ao nível da transmissão cultural: a oralidade perdeu o exclusivo, mudança que desvitalizou a dimensão colectiva e convivial da compartilha da memória e lhe trouxe uma mediação mais racionalizada, pois o escrever e o ler exigem atitudes bem distintas das do dizer e do ouvir.

Não por acaso, Platão, no Fedro, ao referir-se a este processo, caracterizou a invenção da escrita como um *phármakon* ambíguo, já que, se constituía um remédio eficaz para a preservação da memória, também a enfraquecia, dado que fazia diminuir o esforço mental para mantê-la (Dosse, 2006, 2008), o que fez crescer o recurso às *ars memoriae* (Yates, 2007). E, como o desenvolvimento histórico no Ocidente (relembre--se a derrota, em 787, dos iconoclastas em Niceia) irá alargar essa tecnologia até ao hodierno predomínio da visualização, percebe-se por que é que, como contrapartida, este processo foi debilitando a capacidade individual (e colectiva) de reprodução oral da memorização, défice compensado, porém, pela escrita e pela imagem. Superabundância que, porém, provocou novos tipos de esquecimento.

Para T. Todorov, tal aculturamento, de longa duração, foi acelerado pelas sociedades, nascidas do impacto científico--técnico e da legitimação da sociabilidade política, que prescindiram da tradição, como se estivessem escoradas no primitivo contrato social. Em sua opinião,

> *nous sommes passés, comme disent les philosophes, de la hétéronomie à l'autonomie, d'une société dont la légitimité vient de la tradition, donc de quelque chose qui lui est extérieur, à une société régie par le modèle du contrat, auquel chacun apporte – ou non – son adhésion [...] Le recours à la mémoire et au passé est remplacé par celui qu'on fait au consentement et au choix de la majorité. Toutes les traces de légitimation par la tradition ne sont pas éliminées, loin de là; mais, et cela est essentiel, il est licite de contester la tradition au nom de la volonté générale ou du bien-être commun [...] La mémoire est détrônée, ici, non au profit de l'oubli, bien sûr, mais de certains principes universels et de la "volonté générale".*

A citação foi longa, mas necessária para esclarecer algumas das questões que ela levanta.

Em primeiro lugar, nela se sustenta algo indiscutível: a memória colectiva e as suas concretizações rituais já não detêm a função instituinte e legitimadora dos laços sociais que outrora possuíram. Mas parece excessivo qualificar esse trânsito em termos kantianos, isto é, como se de uma passagem da heteronomia para a autonomia se tratasse. É que, quando tal funcionalidade dominante existiu, a memória e a recordação eram intrinsecamente constituintes da sociedade – como, aliás, o são hoje, ainda que numa outra e menor escala –, porque não lhe seriam heterónomas, logo, exteriores. De onde seja mais correcto dizer-se que tais alterações provocaram, sobretudo, a debilitação dos imperativos de origem holística na maneira como, em diálogo com o passado, cada indivíduo posiciona as suas estratégias de vida perante os vários agrupamentos sociais em que, sucessiva e/ou simultaneamente, se insere e está integrado.

Memória, História e historiografia

É também verdade que a teoria moderna do poder, ao estribar-se no contrato, se quis apresentar como uma espécie de alfa da história. Todavia, se não se matizar tal asserção, corre-se o risco de se supor que a via rousseauniana e francocêntrica foi a única que, no Ocidente, desembocou na modernização das sociedades. Houve (e há) alguns casos em que foi a tradição, mesmo que "inventada" ou "ressuscitada", a propulsar esses movimentos, ainda que a sua legitimidade acabasse por ser confirmada, ou corrigida, por práticas de cariz mais pactual e electivo.

Os exemplos desta diversidade são conhecidos e este não é o lugar próprio para os pormenorizar. Contudo, existe um dado histórico que deve ser chamado a terreiro: mesmo as sociedades políticas baseadas numa mais explícita e assumida base contratualista não prescindiram do apelo a memórias colectivas, seja para as valorizar como uma herança que merecia ser reactualizada à luz das novas ideias e valores (as revoluções liberais europeias do século XIX autojustificar-se-ão assim), seja para se enraizarem, ou para as "construírem" a jusante da sua instalação, já que é destino de todas as revoluções, incluindo o das que almejam ser parto de um homem novo e de um tempo novo, fomentarem a comemoração de si mesmas.

Explica-se, assim, por que é que, com o decréscimo das pressões holísticas resultante da índole mais complexa das sociedades actuais e do consequente aumento da individuação no seu seio, os vários poderes investiram mais fortemente nos suportes literários e iconográficos do renovamento das memórias colectivas. E, nesta estratégia, a contribuição das narrativas históricas foi fundamental. Na conjuntura em causa, isso significou um intenso trabalho "artificial" que teve em vista a hegemonia, sobre memórias colectivas várias, de memórias históricas adequadas à reprodução dos poderes dominantes, ou, como contrarrespostas, marginalizadas e alternativas, ao seu domínio.

Dir-se-ia que aquela finalidade visava domesticar o atomismo social – o indivíduo-cidadão – e os perigos anômicos que o contratualismo encerrava. O que fez crescer a consciência de que a memória teria de continuar a exercer o seu papel de cimento do consenso social (e, enquanto memória histórica, da memória nacional), tarefa ainda mais premente por causa do avanço do individualismo, da agudização dos conflitos sociais dentro de cada Estado-Nação, bem como do crescimento da competição belicista entre estes. Não admira que o esfriamento das memórias vividas tenha sido acompanhado pela acelerada produção, e reprodução, de metamemórias. Mas, com isso, não foram tanto as tradições, mas, sobremaneira, as leituras mais racionalizadas sobre o passado (teorias da história; obras historiográficas; comemorações e festas cívicas) que vieram a ocupar um lugar de destaque na materialização e encenação dessas re-presentificações.

Sugere-se, assim, que não foi por mero acaso que a radicação dos sistemas representativos na Europa coincidiu com a expressão máxima das chamadas "sociedades-memória" (século XIX europeu) e com a apoteose do historicismo, fenômeno igualmente contemporâneo do florescimento de um novo culto dos mortos, atitude em que se podem surpreender as características estruturais do acto de recordar (Catroga, 1999). E a analogia não deve admirar, pois, de certa maneira, escrever história é, como no apelo que se surpreende no olhar do anjo de Benjamin, "ressuscitar os mortos" (Mosès, 1992).

Um *"gesto de sepultura"*

Com efeito, o simbolismo funerário aposta na edificação de memórias e indicia a simulação da "presença" do ausente a partir de traços que, em simultâneo, dissimulam o que se quer recusar: a putrefacção do referente. Explica-se: se a morte remete para o não ser, o monumento funerário irrompe o espaço como um apelo a um suplemento mnésico de futuro. Se, nos ritos funerários, se negocia e se esconde a corrupção do tempo (e do corpo) com a finalidade de a sociedade dos vivos poder gozar da protecção dos seus antepassados, definitivamente pacificados, e de se reconstituir a ordem social que a morte pôs em causa, diferente não é o papel da historiografia: esta fala sobre o passado para o enterrar, ou melhor, para lhe dar um lugar e redistribuir o espaço, podendo mesmo afirmar-se que ela é, não obstante as suas pretensões cognitivas, prática simbólica necessária à confirmação da vitória dos vivos sobre a morte. Daí as afinidades que têm sido encontradas entre o trabalho da memória e o trabalho do luto. E, por mais paradoxal que possa parecer, o texto histórico tem igualmente uma função análoga — não escrevemos idêntica — à do túmulo e à dos ritos de recordação. A convocação discursiva e racional do "objecto ausente" congela e enclausura, à sua maneira, o "mau génio da morte" e provoca efeitos performativos, já que, marcar um passado é dar, como no cemitério, um lugar aos mortos; é permitir às sociedades situarem-se simbolicamente no tempo; mas é, também, um modo subliminar de redistribuir o espaço dos possíveis e indicar um sentido para a vida... dos vivos" (Certeau, 1975).

A escrita da história será, portanto, um túmulo para o morto na dupla acepção de o *honrar* e de o *eliminar*, ou, talvez melhor, de o *esconder*. Por conseguinte, a historiografia, tal como a memória, ajuda a fazer o trabalho do luto e a pagar as *dívidas* do presente em relação ao que já não é (Ricœur, 1998, 2000). O que lhe permite desempenhar um papel performativo, pois situa o historiador, isto é, o presente, numa relação de alteridade específica, em que o *outro*, como nos signos funerários, só se insinua velado; ausência que, como salientou Certeau, sendo falta impreenchível, é intrinsecamente constituinte do discurso histórico (Dosse, 2006).

Esclareça-se um pouco melhor a comparação. Todo o signo funerário, explícita ou implicitamente, remete para o túmulo (*signo* deriva de *sema*, pedra tumular) através de uma sobreposição de significantes (Catroga, 1999). E, neste jogo de negação da morte e da corrupção provocada pelo tempo, os signos são

> dados em troca do nada segundo uma lei de compensação ilusória pela qual, quanto mais signos temos mais existe o ser e menos o nada. Graças à alquimia das palavras, dos gestos, das imagens ou monumentos – dá-se a transformação do nada em algo ou em alguém, do vazio num reino [Urbain, 1997].

Por isso, o túmulo e o cemitério devem ser lidos como totalidades significantes que articulam dois níveis bem diferenciados: um *invisível* e outro *visível*. E as camadas semióticas que compõem este último têm o papel de *dissimular* a degradação (o tempo) e, em simultâneo, de *simular* a não morte, transmitindo aos vindouros uma semântica capaz de individuar e de ajudar à *re-presentação*, ou melhor, à *re-presentificação* do ontologicamente ausente. É à luz destas características que é lícito falar, a propósito da linguagem cemiterial – tal como do discurso anamnético –, de uma "poética da ausência" (Gómez, 1993; Catroga, 1999).

Mantendo a analogia, o mesmo se pode afirmar da historiografia. Se, em certo sentido, o túmulo funerário foi o primeiro "monumento" deixado para os vindouros, a escrita da história também é veículo que luta contra o esquecimento e, por conseguinte, contra a degradação que marca o *iter* do tempo. E, não deixa de ser sintomático que Ricœur tenha encontrado na teorização de Michel de Certeau sobre a escrita da história uma certeira passagem da "sepultura-lugar" para a "sepultura-gesto" (Ricœur, 2000). Mais especificamente, mediante a leitura do texto histórico (tal como na do cemitério, feita pelos cultuadores), a "sepultura-lugar", ao ser lida, torna-se "sepultura-acto", concepção que

> *rouvre l'horizon des possibles, car le fait d'assigner au mort une place est un moyen de poursuivre le chemin vers un horizon créatif, à la fois en dette et sans fardeau, avec un passé qui ne vient pus hanter la créativité d'une présence à l'insu des vivants* [Dosse, 2006].

Diga-se que estas cumplicidades entre a historiografia e a evocação tanatológica foram percebidas por alguns historiadores do século XIX. Segundo Oliveira Martins, assim como na lembrança dos finados, também na escrita da história não há "inimigos, há mortos", pelo que se "o cadáver é o símbolo do infinito, o cemitério [é] o tempo da eternidade [...] Os cemitérios são as sociedades na história, as sociedades são a história nos seus momentos" (*apud* Silva, 1984). E, embora para a depreciar, Halbwachs recorreu a um símile análogo, ao defender que "*l'histoire, en effet, ressemble à un cimetière où l'espace est mesuré, et où il faut, à chaque instant, trouver de la place pour de nouvelles textes"* (Halbwachs, 1997). Estas analogias são compreensíveis: tal como a visita à necrópole é acto memorial de *re-presentificação* – suscitada a partir de "sinais" que referenciam um "objecto ausente" –, também a escrita (e a leitura) da história se constrói narrativamente a partir de *traços* e de *representações* que almejam situar, na ordem do tempo, algo que se presume ter existido, mas que já não existe.

Foi neste plano que, a propósito do seu ofício, alguns historiadores falaram em "reconstituir" ou "ressuscitar" o passado. Disse-o Ranke, com a sua intenção de o reconstituir tal qual ele aconteceu, bem como Michelet, ao atribuir à escrita da história a função mediadora de "ressuscitar" os mortos. Mesmo Marc Bloch, não obstante as suas exigências críticas e científicas, caracterizou a história, enquanto historiografia, como "uma ciência dos homens no tempo" movida pela intenção de "unir o estudo dos mortos ao dos vivos" (Bloch, 1960). Como nada ontológico que o passado é, apesar de tudo, a memória material deixa *traços* e a leitura historiográfica está obrigada a lançar um olhar *mediato* (e *mediado*) na direção dos vivos *"que furent avant de devenir les absents de l'histoire"* (Ricœur, 2000). E, como acontece com a recordação, facilmente se concorda que só o presente-futuro poderá dar uma nova "vida" aos que já morreram.

Entre a fidelidade e a veridicção

Os que contestam as imbricações apresentadas, aventam que serão distintos os pressupostos epistemológicos em causa: se a historiografia reivindica a exactidão das suas leituras, a memória se limitará ao *verossímil*, pois a sua retrospectiva não põe entre parênteses as paixões, emoções e afectos do sujeito-evocador. Por outro lado, o seu critério de prova convoca mais uma fiabilidade assente no reconhecimento da boa fé do narrador – que, em última análise, certifica a fidelidade do testemunho – do que uma argumentação racional, característica dominante das estratégias de convencimento usadas pelo discurso historiográfico. Em suma: a recordação julga, enquanto aquelas pretendem explicar/compreender, declarando-se, para isso, filhas do distanciamento entre o sujeito e o objecto, componentes que, na memória, estariam fundidos, levando a que, inevitavelmente, a sua narração seja sempre *axiológica*, *fundacional* e *sacralizadora* do passado.

Implicará tudo isto que se tenha de reduzir a memória a um produto exclusivamente subjectivo, que não se diferencia da imaginação artística, contradizendo as pretensões de objectividade que o seu discurso também visa alcançar? É indiscutível que a recordação é alimentada por uma *epistemologia ingénua*, em que mais facilmente se confunde a *re-presentação* (que é sempre uma *re-presentificação*) com o real-passado, isto é, com a *passeidade*, espécie de efeito mágico em que a palavra dá ser ao que já não é. E se esta característica a distingue da *imaginação estética*, convém lembrar que ambas remetem para um "objecto ausente".

Porém, se esta última pode ter, ou não, referencialidade, o acto de recordar (como o da investigação histórica) não abdica de convocar o *princípio da realidade*. O que exige que as suas retrospectivas, apesar de se conjugarem no tempo passado (anterioridade), reivindiquem a verosimilhança, tendo em vista garantir a fidelidade do narrado, mesmo que a sua única fiança, na falta de testemunhas, seja o juramento do próprio evocador, num acto de desdobramento em que este se assume como objecto de si mesmo. Mas, para gerar esse efeito, ele encobre, ou não controla, as razões *subjectivas*, *normativas* e *pragmáticas* que condicionam a sua construção qualitativa, selectiva e apaixonada do que já não existe. E estas condicionantes estarão ainda mais presentes quando a memória referencia factos vividos pela própria testemunha, ou que digam respeito a pessoas ou acontecimentos em relação aos quais o evocador está afectivamente mais ligado.

Explicando melhor: é um facto que a estratégia de convencimento da *anámnesis* não recorre tanto à racionalização de explicações causais, analógicas e comparativas, ou a inferências, como o faz a historiografia. Ela baseia-se, sobretudo, na idoneidade do evocador e no seu estatuto de *testemunha* de eventos pretéritos, próprios e alheios. E, apesar do carácter mais débil da separação entre o sujeito e o objecto no acto de recordar (e de testemunhar), este também pressupõe algum distanciamento, esforço que a metodologia histórica (e a investigação judicial) procurará desenvolver até as suas últimas consequências (Dulong, 1998).

Com efeito, quando uma recordação tem um propósito mais cognitivo e pretende dar testemunho (e o evocador ser uma testemunha), assiste-se a uma espécie de cesura interior, através da qual o sujeito se comporta, mesmo em relação aos acontecimentos que lhe tocam mais directamente, como se fosse um *outro* que os tivesse presenciado, isto é, como tivesse sido uma terceira pessoa a vivê-los. Não por acaso, e segundo Benveniste (1969), a palavra *testis*, tinha a ver com *tertius*, que designava, no direito romano, a terceira pessoa encarregada de assistir a um contrato oral e habilitada para certificá-lo (Ricœur, 2000). Também no quinto livro bíblico do Pentateuco se encontra um bom exemplo da denotação de testemunho como "terceiro", nomeadamente quando se escreve: "Uma só testemunha contra ninguém se levantará por qualquer iniquididade, ou por qualquer pecado, seja qual for o pecado que pecasse; pela boca de duas testemunhas, ou pela boca de três testemunhas, se decidirá a contenda" (*Deuteronômio*, 19:15). Esta lógica encontra-se explicitada em todo o acto testemunhal de cariz jurídico, e não será precipitado sustentar que, perante a ausência de testemunhas vivas, o distanciamento (do historiador e do leitor) será a atitude que, de um modo mais racionalizado e com metodologias apropriadas, deve presidir a toda a crítica (interna e externa) dos *traços* e dos *documentos* no trabalho historiográfico, em ordem à testificação das hipóteses que o comandam.

Todavia, outra acepção tem interesse para o estudo do relacionamento da memória com a história. O testemunho também podia ser dito pela palavra latina *superstes*, tradução do grego *mártyros*, que significava "testemunho", ou melhor, a pessoa que atravessou uma provação, a saber: o *sobrevivente*.

Em qualquer dos casos, a noção de testemunho como terceiro anuncia o tema da "verdade", ou seja, traz à luz o facto de que ele "por definição só existe na área enfeitiçada pela dúvida e pela possibilidade da mentira" (Ricoeur, 2000), atitude que o coloca sob a alçada da vigilância historiográfica. Escapará a esta condição o seu segundo sentido? Relembre-se que este implica provação e sobrevivência, parecendo sugerir que se está na presença de uma memória viva, passível de ser ouvida não só como fonte, mas também como narração do ocorrido. Porém, com a morte de quem esteve no passado quando este foi presente, aquilo que ele afirmou – não obstante poder possuir o valor testificado pela idoneidade do evocador – não pode fugir ao âmbito de todas as prevenções veritativas que, historiograficamente, têm de ser tomadas em relação ao arquivado.

O eco do silêncio no rumor do recordado

Nesta óptica, será cair num outro tipo de ingenuidade epistemológica pensar que a dialéctica entre a memória e o esquecimento é um pecado exclusivo das anamneses individuais e, por analogia, colectivas. Também a historiografia – que nasceu sob o signo da memória –, apesar de querer falar em nome da razão, se edifica, voluntária ou involuntariamente, sobre silêncios e recalcamentos, como a história da história tem sobejamente demonstrado. Esta inevitabilidade aconselha a ser-se cauteloso em relação ao "discurso manifesto" dos seus textos, vigilância que deve ser redobrada quando a própria recordação é elevada a documento, isto é, ao nível arquivístico necessário para se dar objectividade ao trabalho de explicação/compreensão para onde deve subir a interpretação historiográfica. Por mais que o testemunho pareça ser imediatamente verista – como o da história oral, ou o da história do tempo presente –, será sempre necessário fazê-lo passar pelo crivo das exigências críticas da *operação historiográfica* (Certeau, 1975; Ricœur, 2000).

Reconhece-se, ainda, que a memória, quando arquivada, deixa de ser, na sua verdadeira acepção, uma recordação, pois desliga-se do único mediador capaz de a revivificar: o sujeito-testemunho. Nesse estado, ela somente tem o estatuto de uma "matéria-prima" a pedir um questionamento que o transforme em documento. Todavia, num plano aparentemente inverso, é igualmente verdade que a prática historiográfica – herdeira de regras e especificidades metodológicas próprias – só poderá brotar de memórias (pessoais e colectivas) do historiador adquiridas por vivência pessoal (e social), ou por transmissão oral, e ser escrita sobre um mundo silencioso de esquecimentos. Por outras palavras: os seus problemas só podem ser formulados num horizonte de pré-compreensão, ou, talvez melhor, a partir de um sujeito já *pré-ocupado*.

Em suma: memória e história (entendida como historiografia) constroem retrospectivas distintas, mas com indesmentíveis cordões umbilicais entre si. A primeira visa, sobretudo, atestar a fidelidade do narrado, enquanto a segunda é movida por uma finalidade veritativa que necessita da comprovação para certificar as suas interpretações. No entanto, esse objectivo não a pode levar a uma posição de monopólio no mundo das representações do passado, pois isso conduziria a uma espécie de sacralização da leitura dos historiadores. Mas, cultivar a posição inversa seria escamotear as mediações crítico-racionais sem as quais, em nome da memória, ou da sua negação, tudo seria permitido (Dosse, 2006). Nas palavras certeiras de Ricœur:

> *Une mémoire soumise à l'épreuve critique de l'histoire ne peut plus viser à la fidélité sans être passée au crible de la vérité. Et une histoire, remplacée par la mémoire dans le mouvement de la dialectique de la rétrospection et du projet, ne peut plus séparer la vérité de la fidélité qui s'attache en dernière analyse aux promesses non ténues du passé* [Ricœur, 1998a].

Seja como for, convém ter-se presente que, se a memória pode funcionar como obstáculo epistemológico (nem que seja através do esquecimento), ela também actua como acicate da própria investigação histórica, particularmente quando o testemunho é uma prova viva capaz de desmentir negações, deturpações ou branqueamentos do passado feitos por quem não esteve lá. Mas igualmente se sabe que, tarde ou cedo – veja-se o que acontece com os sobreviventes do Holocausto –, o vazio deixado pela morte da testemunha presencial só deixa ficar testemunhos pedindo que os "construam" como documentos.

Por consequência, a memória do historiador é componente forte de experiências primordiais em relação ao espaço e ao tempo, húmus que, se pode obstar ao surgimento de interrogações, também fura censuras, trazendo à tona fragmentos do que está esquecido. Daí que, tal como a recordação, também a historiografia deva lutar para que o passado não caia, definitivamente, no rio da amnésia. E, bem vistas as coisas, só num sentido muito restrito será lícito pensar-se que a história já "terminou" para o historiador. Fazê-lo será não entender o papel que, consciente ou inconscientemente, as suas próprias expectativas (o *ainda não*) desempenham na "ressuscitação" do passado; será, em suma, perfilhar uma visão absoluta, cristalizada e aritmética do tempo presente.

Tem-se de reconhecer, porém, que, no testemunho memorial, a separação entre o sujeito e o objecto é precária (mesmo quando se recorre, supletivamente, às recordações dos outros e a suportes de memória), ao contrário do que deve acontecer na crítica e interpretação que transformam os *traços* em documentos históricos. No entanto, mesmo neste caso, se tornará impossível anular, por completo, a mediação do sujeito, mormente porque a consciência do historiador não é um receptáculo vazio: as suas perguntas só podem nascer no seio de uma mente já *pré-ocupada* por uma dada formação histórica e por *memórias sociais*, *colectivas* e *históricas* subjectivizadas e estruturadas pela estratégia pessoal do evocador. E aqui radica esta outra condicionalidade inerente a toda a obra historiográfica, em cujos interstícios, não ditos, e no que também é excessivamente lembrado, se situa, escondida, a vala comum dos marginalizados e esquecidos, esse eco abafado do silêncio que o historiador deve procurar ouvir para lá dos sons da *anámnesis*.

De facto, tal como na recordação, no historiar a herança do passado não é uma simples acumulação de acontecimentos. Ao invés, tudo se passa como se a consciência do presente saltasse anos e séculos para escolher os momentos em que ela (em diálogo positivo ou negativo) encontra a sua arqueologia e os momentos fortes do sentido que quer dar ao seu percurso. Atitude que, porém, não pode accionar a destemporalização do sujeito-historiador como se este tivesse podido estar lá, no passado, quando este foi presente. Mas ela também não pode cingir-se à curiosidade "antiquária", ou à função do coveiro a desenterrar cadáveres após o cumprimento do ciclo da putrefacção (e do esquecimento). A *indiferença* do historiador em relação ao seu objecto será tanto menor quanto mais os problemas levantados disserem respeito aos valores essenciais da condição humana. Por conseguinte, e como na recordação – mas com a sua metodologia própria –, a leitura historiográfica não deve ser comemorativa; ela tem de dar vida ao que já não existe.

Assim como Proust assinalou em relação à memória subjectiva, o historiador, mais do que encontrar o passado, deve procurar *salvá-lo* (Mosès, 1992). E é aqui que, nos seus campos próprios, a memória e a historiografia se encontram com a consciência da *dívida* (Ricœur) e da responsabilidade (o contrato ético-cognitivo), em particular perante os que, quando vivos, estiveram condenados ao silêncio. Imperativo decorrente do facto de a mediação presentista não se esgotar na seca análise científica, dado que ela obriga a escolhas que não são social e axiologicamente neutras. Quem *salva* do nada este ou aquele aspecto do passado sente-se responsável por ele. Posicionamento que ajuda a entender o modo diferente como Walter Benjamin equacionou a questão do papel justiceiro da história: para Hegel (e para o historicismo em geral), a história é o lugar do juízo universal e final, porque seria ela que, a partir da ideia de *fim da história* que a sua retrospectiva pressupunha, julgaria os homens; para o autor do *Angelus novus*, ao contrário, são os homens que a julgam.

Afinal, a invocação das ideias de continuidade histórica e de progresso, tal como o entendimento do devir como uma sequência irreversível de causas e efeitos – características dominantes na historiografia oficial durante os séculos XIX e XX –, adequavam-se (e adequam-se) bem à problemática dos somente interessados em escrever a "história dos vencedores" e em secundarizar ou esconder a dos "vencidos" (Mosès, 1992). De onde a necessidade que o historiador tem de não olvidar a dialéctica que existe entre o recordado e o esquecido, e de atender a este ensinamento de Benjamin: a historiografia dos que, quando vivos, nem sequer deixaram traços, exige que se opere com a descontinuidade do tempo histórico, porque a continuidade é, como na recordação que descreve a coerência do itinerário do *eu*, a linha traçada pela boa consciência dos vencedores, como se a *res gestae* fosse uma consequência lógica da univocidade do tempo histórico. Nem que, nessa caminhada, se tenha de saltar por cima dos buracos negros da memória.

Memória política e política da memória

Em síntese: a historiografia também funciona como fonte produtora (e legitimadora) de memórias e tradições, chegando mesmo a fornecer credibilidade científica a novos mitos de (re)fundação de grupos e da própria nação (reinvenção e sacralização das origens e de momentos de grandeza, simbolizados em "heróis" individuais e colectivos). A modernidade acentuou estas características. Os novos poderes (sociais e políticos), para atacarem a aristocracia tradicional, reescreverão a história, em particular a partir do início do século XIX, o que levou ao desenvolvimento da historiografia e ao aumento do prestígio social dos historiadores. Movimento que desembocou no uso (e abuso) dos novos conhecimentos na modelação da memória colectiva como memória histórica. Este trabalho passará a ser sinónimo do que virá a designar-se por memória nacional. Prova de que, se a historiografia, a montante, acaba por pedir emprestada alguma coisa à memória, a jusante, ela não deixa de ser posta ao serviço das suas políticas. E se, em certo sentido, ela é "filha da memória" (Veyne, 1979), o contrário também é verdadeiro: esta também é socializada (e reescrita) pelo modo como a historiografia investiga e as suas conclusões são popularizadas.

A história da historiografia mostra à sociedade que a institucionalização da pesquisa e do ensino históricos, bem como a sua consequente estatização, não se limitaram a garantir a aplicação de critérios tidos por mais científicos. Os cidadãos e, a partir deles, os novos Estados-Nação, ajudaram à profissionalização e à especialização deste tipo de estudos, porque os viram como úteis para a nação e para a humanidade. Procura que ultrapassou os círculos dos eruditos e que foi movida pelo explícito objectivo de enriquecer (e credibilizar) o renovamento da *memória colectiva* e da *memória histórica* e, dentro desta, da *memória nacional*.

Na verdade, o crescimento da importância social (e política) das representações sobre o passado foi acompanhado por estas duas consequências simultâneas: a produção de conhecimentos comprováveis (a *história como saber*) e a sua difusão com a finalidade de se fundar e, sobretudo, refundar a *memória histórica*. E mesmo quando a diferença entre *história-investigada* e *história-ensinada* se manteve, a política da memória se encarregará de as articular. De fato, e por mais antitéticas que estas duas faces possam parecer, existem entre elas evidentes pontos de contacto (Noiriel, 1996), conforme se pode demonstrar através, quer da maneira como, desde o século XIX, tem sido justificado e praticado o ensino da história em todos os graus, quer da análise do modo como foram (e são) organizadas as manifestações em que, por razões cívicas, a recordação se transforma em comemoração "fria" – toda a comemoração suscita um resfriamento da recordação –, isto é, em cerimônia e puro espetáculo público.

Ademais, se a memória é instância construtora e cimentadora de identidades, a sua expressão colectiva também actua como instrumento e objecto de poder(es) mediante a selecção do que se recorda e do que, consciente ou inconscientemente, se silencia. E, quanto maior é a sua circunscrição nacional, mais se corre o risco de o esquecido ser a consequência lógica da "invenção" ou "fabricação" de memória(s). Ao sublinhar-se esta vertente, não se pretende negar a função involuntária dos "ardis da memória" – que a leitura psicanalítica pode ajudar a descobrir no campo da consciência –, mas deseja-se frisar que, nas suas dimensões colectivas, sobretudo quando ela funciona como *metamemória*, a margem de manipulação e de uso político-ideológico aumenta. Pelo que escrever uma "história social da memória" só terá sentido se, ao mesmo tempo, se redigir uma siamesa "história social do esquecimento", projecto que não pode dispensar a comparação da "história-memória" no *forum* da "história-crítica".

Seguindo uma sugestão de Nietzsche, será possível mesmo sustentar que existiu (e existe) uma relação íntima entre a perspectiva "monumental", dominante nas interpretações historicistas do passado, e a intenção educativa que as animava. E esta raramente foge ao modelo teleológico de narração da aventura colectiva, cada vez mais protagonizada por uma personagem colectiva chamada *povo*, ou melhor, nação. Os grandes momentos do passado são integrados numa sucessão em cadeia, a fim de os exemplos maiores serem eternamente prolongados como *fama*. Garantia de imortalidade que tem subjacente a crença na capacidade ilimitada que o futuro terá para vencer a mudança e o transitório. Por isso, quando a consideração "monumental" do passado domina, só algumas das suas partes são evocadas e, consequentemente, sacralizadas; outras, porém, são esquecidas e depreciadas, em ordem a formar-se uma corrente contínua, na qual os factos particulares, previamente seleccionados como *exempla*, são "manhosamente" destacados como "arquipélagos isolados" (Nietzsche, 1999), mas para pontuarem um sentido colectivo de vocação consensualizadora. E basta assinalar que, dentro de uma mesma sociedade, as identidades são múltiplas e conflituosas entre si (memórias de família, locais, grupais, de classe, nacionais etc.) para se justificar o recurso a esta atitude. Por outro lado, tal como a anamnese, também o esquecimento histórico é um processo, pelo que o "olhar" do historiador só não se enredará na sedução (e pretensão) homogeneizadora da *memória colectiva* e *histórica*, se a souber confrontar com perguntas como estas: quem recorda o quê? E por quê? Que versão do passado se regista e se preserva? O que é que ficou esquecido?

Mais à frente, procurar-se-á perceber melhor a ligação que existiu entre os esforços feitos pela historiografia para se autonomizar como um saber científico e a afirmação da irreversibilidade do tempo e da substantividade da história, num contexto em que a dissolução de muitas formas de sociabilidade tradicional requeria a socialização de memórias com maior intenção consensual e, portanto, com mais capacidade para aculturar e unificar as memórias regionais e diversificadas. Religar o indivíduo-cidadão à sociedade política será o seu escopo principal, tarefa incidível da necessidade da "reinvenção" do passado que, na Europa, cresceu no século XIX (Alemanha, França e, gradualmente, todos os outros países), mormente numa conjuntura em que se assistiu, de facto, a intensos e conflituosos processos de formação ou de refundação de uma nova ideia e de um novo ideal de nação, bem como à afirmação identitária de novos grupos sociais emergentes (a cultura e a consciência operária, por exemplo).

Este processo ultrapassou, porém, o terreno das filosofias da história e da historiografia, pois corporizou-se, igualmente, no reconhecimento do valor social e político da investigação, ensino e popularização das interpretações do passado (a *história-ensinável*) e na institucionalização de práticas simbólicas postas ao serviço da sacralização cívica do *tempo* – comemorações – e do *espaço* (novos "lugares de memória"): as *ritualizações da história*, não raro de iniciativa oficial e afiançadas por historiadores (Catroga 1996). Desta atitude resultou o incremento da "sociedade-memória" do século XIX (Nora, 1984), época em que, escudados em leituras historiográficas, ou no seu prestígio, os poderes fomentaram várias liturgias de recordação com o objectivo de, em sociedades que caminhavam aceleradamente para o individualismo, se socializar e enraizar a(s) nova(s) memória(s) em construção (ou em processo de refundação). E a este tipo de investimento poderá se juntar a manualização das narrativas oficiais (ou oficiosas) da história pátria, veículo em que, epicamente, se conta a história de um povo como se de uma galeria panteônica se tratasse. Como se verifica, o destino da chamada *história-crítica* não ficou imune à credibilização da *história-ensinável*, característica que os manuais escolares levarão, sobremaneira a partir dos finais do século XIX, às últimas consequências. Por tudo isto, aceitar-se a existência de uma excessiva dicotomia entre a escrita dos historiadores propriamente ditos e a dos divulgadores pode encobrir a sobredeterminação cívica e memorial em que ambas estavam inscritas.

A historiografia, com as suas escolhas e esquecimentos, também gerou (e gera) o "fabrico" de memórias, pois contribui, através do seu cariz narrativo e da sua cumplicidade, directa ou indirecta, com o sistema educativo, para o apagamento ou menosprezo de memórias anteriores, assim como para a refundação, socialização e interiorização de novas memórias. O que se entende. Bem vistas as coisas, *"le but ultime de l'opération historique est de provoquer une connaissance destinée à être apprise et remémorée"*. Portanto, em vez *"de déplorer l'inévitable, de rechercher une 'pureté' impossible ou de rabaisser les qualités scientifiques de l'histoire"*, o historiador tem de defrontar, (auto)criticamente, *"le caractère 'mêlé', aporétique, pourrait-on dire, de l'histoire"* (Martin, 2000). Certeza clara já, pelo menos, desde o século XIX.

Mais do que qualquer outro, este foi o "século da história" devido ao grande surto historiográfico (desde a Alemanha, França, até Portugal) e reflexivo (Hegel, Comte, Marx etc.) e ao concomitante reconhecimento da utilidade social e político-ideológica do uso de leituras do passado como argumentos legitimadores de interesses do presente-futuro. Esta necessidade atingiu, então, o seu acume e traduziu-se em práticas de divulgação e de cariz pedagógico (ensino primário, secundário, universitário), assim como na construção de "lugares de memória" (estátuas, edifícios, toponímia etc.) e no lançamento de novas ritualizações da história, objectivações que não se esgotavam numa única linguagem, embora pressupusessem uma análoga concepção orgânico-evolutiva, contínua, acumulativa e finalística do tempo histórico. E pode dizer-se que todas elas punham o "povo", ou a "nação", a desempenhar o papel de demiurgo do desígnio específico (e, em alguns casos, superior) de cada um no concerto das outras nações e da história universal. Por isso, estes "sujeitos-colectivos" actuavam como personagens que, ao desenvolverem a sua índole ou idiossincrasia (na língua, nos costumes, nas leis e tradições), estariam a explicitar, na ordem do tempo, uma essência já potenciada desde a origem e suposta omnipresente em cada uma das fases do itinerário que a ia consumando.

A credibilidade que gozava o argumento historicista era tão forte que fez com que ele fosse compartilhado por várias ideologias e posto em prática por políticas de memória igualmente transversais. É certo que tal não significou o fim das divergências e contradições. No entanto, é igualmente verdade que cada Estado-Nação conseguiu criar infraestruturas culturais e simbólicas para se ir interiorizando o ideal de pátria, deus maior de uma religião civil que teve no culto dos "grandes homens", dos "grandes acontecimentos" e das respectivas ritualizações e símbolos, as suas maiores celebrações e liturgias. Naturalmente, o sistema educativo desempenhou um papel decisivo nesta inculcação, nos indivíduos, do sentimento de pertença a uma dada comunidade política.

"Recordo-me, logo existo"

A que melhor ilustração se pode recorrer para mostrar que a *memória coletiva* é tanto menos espontânea quanto mais é *memória histórica*, e para se perceber o protagonismo das *memórias-construídas* na fundação (ou refundação) de novos consensos? Como se sabe, o romantismo em geral e, depois, os vários historicismos faziam retrospectivas para fundamentarem a criação do consenso (social e nacional) e para legitimarem uma meta para cada povo e, a partir desta, para toda a humanidade.

No caso português, essa "utilidade" foi imediatamente compreendida, tanto mais que em boa parte do século XIX se viveu sob um clima decadentista, situação que certos grupos ascendentes procuravam superar, incitando a opinião pública a colher lenitivos nos ensinamentos do passado.

O que desembocou no uso moderno do preceito *historia magistra vitae* e no qual o presente, ou melhor, uma previsão progressiva do futuro, aparecia a pontualizar momentos paradigmáticos do passado, em ordem a que, através de memorações rituais, a evocação e a invocação pudessem funcionar, contra a decadência do presente, como *exempla* revivificadores. Fito que reforçou o intercâmbio entre a memória-repetição e a história, já que se sentia a necessidade de esta ser reescrita (atente-se no trabalho de Herculano e seus discípulos), ao mesmo tempo que se impulsionava um forte investimento comemorativo, como acontecerá, com frequência, em toda a Europa, e em Portugal com mais ênfase a partir de 1880 (centenário de Camões).

Havia a forte convicção de que – como escreveu um dos principais "mordomos" das cerimônias dos centenários realizadas nos finais do século XIX e princípios do século XX:

> a memória é o cimento indispensável da vida individual. O apregoado entimema cartesiano: "Eu penso, logo existo", poderia ser mais intuitivo e estritamente expresso pela fórmula "recordo-me, logo existo". Passado, presente e futuro, ocas palavras essas se acaso não se reflectisse no cérebro humano a continuidade e a correlação dos movimentos; e idênticos fenômenos dominam [...] os agrupamentos de homens, denominados nacionalidades [...] Quando na memória de um povo se oblitera os interesses nacionais e a sua missão no mundo, esse povo corre o perigo de perecer de inacção [Mendonça, 1925].

A comemoração implicava, portanto, uma clara finalidade revivescente, conquanto o seu espectáculo também remetesse para uma analogia com o próprio culto cemiterial dos mortos, pois, como na própria época se reconhecia, havia algo de fúnebre nas pompas e préstitos comemorativos (Catroga, 1988, 1996).

Por outro lado, não deixa de ser significativo o discurso directo, na primeira pessoa do singular, da frase "recordo-me, logo existo". Como ela é aplicada à prática comemorativa, essa presença prova que os ritos cívicos recorriam a processos análogos aos da "manha" da memória individual (*re-fundação, identificação, filiação, distinção, finalismo*), mediante a selecção e a fragmentação da sequência dos eventos e a sua inserção num horizonte prospectivo. Isto é, escolhia-se "grandes homens" ou "grandes acontecimentos", assim arvorados em paradigmas que apelavam à imitação de uma exemplaridade que o futuro devia cumprir. Por consequência, se as comemorações parecem ser, por um lado, um culto nostálgico e regressivo, por outro, o passado é reinterpretado à luz da lição que se pretende dar ao presente e ao porvir. E tudo bateria certo, porque este comemoracionismo, tal como a historiografia dominante, se baseava numa similar ideia evolutiva e continuísta do tempo histórico, na qual o melhor do ocorrido era não só decantado para responsabilizar os culpados pelo seu não desenvolvimento pleno, como enaltecido enquanto momento precursor. Mas, em simultâneo, para que a mensagem normativa e o papel pedagógico-cívico do rito pudessem funcionar, muito teria de ser esquecido.

De facto, as comemorações e a escrita historicista da história são práticas de *re-presentificação* igualmente indissociáveis do esquecimento, não admirando, portanto, que elas tenham posto em jogo uma concepção continuísta e evolutiva do tempo análoga à das narrativas optimistas, pois estas só exercerão as suas finalidades pedagógicas se forem ritmadas pela épica que norteia a "história dos vencedores". Como, num eco da proposta comtiana, se escrevia em 1880, as comemorações cívicas deviam ser realizadas

> em honra e para glória da humanidade para nortear estádios nesse caminhar incessante da civilização universal [...], não para impor, em nome de um passado irrestaurável, às novas gerações, a adoração dos seus "fetiches", a idolatria dos seus deveres [...], mas para lhe apontar o exemplo dos seus beneméritos [Garcia, 1880].

Percebe-se agora melhor por que a comemoração constitui uma *metamemória* inscrita na memória-repetição, pois é inseparável das suas ritualizações. A intriga que nelas se conta — mormente quando se organiza como calendário cívico — dialecticiza a presença da ausência através de uma "cenografia" em que se "teatrializa" e "esteticiza" o narrado. E, como salienta Dosse (2006), *"le rite permet d'entretenir la mémoire en réactivant la part créative de l'événement fondateur* [ou mesmo refundador] *d'identité collective"*. E o espectáculo visa dar coerência a esta estratégia: enaltecem-se figuras modelares, ou momentos de fastígio, a fim de se, passando ao lado do mais sombrio das coisas, exorcizar (e criticar) decadências do presente e alentar a esperança na redenção futura. Consequentemente, neste tipo de evocação, não estava em causa o uso passadista do passado, mas a exploração da sua mais-valia como arma de legitimação de um regime de tempo de cariz prospectivo.

O historiador como um *remembrancer*

Em suma: se não se quiser cair numa estrita posição cientista, tem de se aceitar o tom ambíguo e "indeciso" das relações entre a memória e a historiografia. Na verdade, por mais esforços de auto-análise que o historiador possa fazer para aplicar a sua metodologia crítica e para atenuar o peso subjectivo da idade na interpretação histórica, a sua *epochê* será sempre *epocal*, porque os nexos com a memória (e o recalcamento) e com o que, dentro dela, é presença do colectivo, impedem-no de se colocar, totalmente, "entre parêntesis", isto é, de situar o seu saber para além da história, característica que, aliás, ele mesmo declara ser inerente a tudo o que possui marca humana. Por mais que queira, o historiador não é um *eu transcendental*, auto-transparente a si mesmo, esse sonho de luz plena que anima todos os racionalismos extremos, às vezes a maior de todas as cegueiras.

No entanto, o *contrato* que, tacitamente, celebra com a responsabilidade ética e epistémica inerente ao seu ofício, obriga-o a actuar, tanto quanto lhe for possível, como pastor e lobo dos seus fantasmas e do "ser ausente" que ele pretende fazer reviver. E esta inevitável condicionalidade convida-o a pôr sob suspeita a memória transmitida e a ter uma salutar dúvida metódica perante a transparência ontológica do narrado. De acordo com um exemplo usado, algures, por Peter Burke, será possível afirmar que, ética e deontologicamente, ele deve ousar ir à procura dos esqueletos escondidos nos armários da memória, apesar de saber que, ao fazê-lo, corre o risco de ocultar, mesmo inconscientemente, alguns dos que transporta dentro de si. Apesar disso, a sua missão tem de ser análoga à do *remembrancer*, nome atribuído ao funcionário inglês que, nos finais da Idade Média, tinha a odiosa tarefa de ir, de aldeia em aldeia, e nas vésperas do vencimento dos impostos, lembrar às pessoas aquilo que elas mais desejavam esquecer.

Se Nietzsche teve razão quando salientou que o ahistórico assim como o histórico são igualmente necessários para a saúde de cada indivíduo, de um povo e de uma cultura, reconhece-se que, se é importante lembrarmo-nos de esquecer, também o será não se esquecer de lembrar.

E essa é a tarefa primeira do historiador, imperativo que ainda se torna mais premente quando se passou a cultivar uma *ars oblivionis* mais programada. Como escreveu Yosef Yerushalmi,

> no mundo que é o nosso, não se trata mais de uma questão de memória colectiva ou de declínio da consciência do passado, mas sim da violação brutal daquilo que a memória ainda pode conservar, da mentira deliberada pela deformação das fontes e dos arquivos, da invenção de passados recompostos e míticos ao sabor de poderes tenebrosos.

E, em tais épocas, "apenas o historiador, animado pela paixão dos factos, dos testemunhos, que são o alimento da sua profissão, pode velar e montar guarda" (Yerushalmi et al., 1988; Seligmann-Silva, 2003).

Por outras palavras:

> *l'histoire critique trouve son originalité en entreprenant la 'déconstruction' des épaisseurs et des rivalités mémorielles pour en établir le fonctionnement et les rouages, pour souligner les pratiques de manipulation et d'occultation, jusqu'à prendre le risque de mettre en cause les structures profondes des communautés* [Martin, 2000].

Todavia, se este posicionamento é diferenciador, é facto que a chamada história-ciência só será socialmente útil se radicar na história viva decorrente da tensão entre memória, esquecimento e expectativa. Daí o excesso das teses dualistas: a memória, tal como a historiografia, é uma das expressões da condição histórica do homem. E os historiadores de hoje já perceberam que a descredibilização dos grandes mitos colectivos e o enfoque dado ao carácter compreensivista e narrativo da própria escrita historiográfica (White, 1978; Chartier, 1998) conduziram a que ela – conquanto não seja redutível ao exclusivo campo da ficcionalidade, como alguns pretendem – surja, cada vez mais, como uma operação crítica e cognitiva, mas mediada, em últimas instâncias, pelo tempo e pelo espaço em que o historiador se situa, e, por isso mesmo, umbilicalmente dependente *"de topoi venus de la mémoire profonde"* (Martin, 2000). Saber isto, mas tentar evitá-lo, é a missão (impossível) em que ele se arrisca como perscrutador de verdades, como pessoa e como cidadão.

Bibliografia

ARENDT, Hannah. *Between past and present*. Nova York: The Viking Press, 1968.

ARISTÓTELES. *Poética*. Lisboa: Imprensa Nacional-Casa da Moeda, 2000.

ASSOUN, Paul-Laurent. Le sujet de l'oublie selon Freud. *Communications*, n. 4, 1989.

AUGÉ, Marc. *Les Formes de l'oubli*. Paris: Payot, 1998.

BARASH, Jeffrey Andrew. Herder et la politique de l'historicisme. In: PÉNISSON, Pierre (Dir.). *Herder et la philosophie de l'histoire*. Isai-Roumanie: Universitatii Alexandre Ioan Cuza, 1997.

_____. *Politiques de l'histoire:* l'historicisme comme promesse et comme mythe. Paris: PUF, 2004.

_____. Qu'est-ce que la mémoire collective? Réflexions sur l'interprétation de la mémoire chez Paul Ricoeur. *Revue de Métaphysique et de Morale*, n. 2, abr./jun. 2006.

_____. Les enchevêtres de la mémoire. In: FIASSE, Gaëlle, *Paul Ricœur: de l'homme faillible à l'homme capable*. Paris: PUF, 2008.

BARROS, Carlos (Org.). *Historia a debate. In: Congreso "Historia a debate". Actas* celebrado el 7-11 de julio de 1993 en Santiago de Compostela. Santiago de Compostela: Historia a Debate, 1995. 3 v.

BASCHET, Jérôme. L'histoire face au présent perpetuel: quelques remarques sur la relation passé/futur. In: HARTOG, François; REVEL, Jacques (Org.). *Les Usages politiques du passé*. Paris: École des Hautes Études en Sciences Sociales, 2001.

BENJAMIN, Walter, *La Dialectica en suspenso:* fragmentos sobre la historia. Santiago do Chile: Universidad Areas, [s.d.].

BENVENISTE, Émile. *Vocabulaire des institutions indo-européennes*. Paris: Minuit, 1969.

BLOCH, Marc. *Apologie pour l'histoire ou métier d'historien*. Paris: Armand Colin, 1960.

BORGES, José Luis. Funes ou la mémoire. In: _____. *Fictions*. Paris: Folio-Gallimard, 1957.

BORNE, Dominique. Communauté de mémoire et rigueur critique. In: BOUTIER, Jean: JULIA, Dominique (Dir.). *Passés recomposés:* champs et chantiers de l'histoire. Paris: Autrement, 1995.

BOURDIEU, Pierre. Les rites comme actes d'institutions. In: CENTLIVRES, Pierre; HAINARD, Jacques (Dir.). *Les Rites de passages aujourd'hui*. Lausanne: L'Âge de l'Homme, 1986.

BOUTIER, Jean; JULIA, Dominique. *Passés recomposés*: champs et chantiers de l'histoire. Paris: Autrement, 1995.

CANDAU, Joël. *Anthropologie de la mémoire*. Paris: PUF, 1996.

CATROGA, Fernando. *A militância laica e a descristianização da morte em Portugal, 1866-1911*. Coimbra: Faculdade de Letras, 1988. 2 v.

_____. Ritualizações da história. In: TORGAL, Luís Reis et al. *História da história em Portugal*: séculos XIX-XX. Lisboa: Círculo de Leitores, 1996.

_____. *Teoria da história e do conhecimento histórico*. Coimbra: Faculdade de Letras, 1996 (Edição policopiada.)

_____. *O céu da memória*: cemitério romântico e culto cívico dos mortos. Coimbra, Minerva, 1999.

_____. *Memória, história e historiografia*. Coimbra: Quarteto, 2001.

_____. *Antero de Quental*: história, socialismo, política. Lisboa: Notícias, 2001a.

_____. *Caminhos do fim da história*. Coimbra: Quarteto, 2003.

CENTLIVRES, Pierre; HAINARD, Jacques (Dir.). *Les Rites de passage aujourd'hui*. Lausanne: L'Âge de l'Homme, 1986.

CERTEAU, Michel de. *L'Écriture de l'histoire*. Paris: Gallimard, 1975.

CHARTIER, Roger. *Au Bord de la falaise*: l'histoire entre certitudes et inquiétude. Paris: Albin Michel, 1998.

CHÂTELET, François. *La Naissance de l'histoire*: la formation de la pensée historienne en Grèce. Paris: Minuit, 1974.

CITRON, Suzanne. *Ensinar a história hoje*: a memória perdida e reencontrada. Lisboa: Livros Horizonte, 1990.

COENEN-HUTHER, Josette. *La Mémoire familiale*. Paris: L'Harmattan, 1994.

CONNERTON, Paul. *Como as sociedades recordam*. Oeiras: Celta, 1993.

DÉCHAUX, Jean-Hugues, *Le souvenir des morts*: essai sur le lien de filiation. Paris: PUF, 1997.

DELACROIX, Christian. De quelques usages historiens de P. Ricoeur. In: MÜLLER, Bertrand (Org.). *L'Histoire entre mémoire et épistémologie*. Lausanne: Payot Larrousse, 2005.

DOSSE, François. *L'Empire du sens:* l'humanisation des sciences humaines. Paris: La Découvert, 1995.

_____. *L'Histoire en "miettes", des annales à la nouvelle histoire*. Paris: La Découverte, 1995a.

_____. *L'Histoire*. Paris: Armand Colin, 2000.

_____. *Paul Ricoeur, les sens d'une vie*. Paris: La Découvert, 2001.

_____. Paul Ricoeur, Michel de Certeau et l'histoire. In: MÜLLER, Bertand (Dir.). *L'Histoire entre mémoire et épistémologie*. Lausanne: Payot, 2005.

_____. *Pour Ricoeur et Michel de Certeau*: l'histoire entre le dire et le faire. Paris: L'Herne, 2006.

_____. L'histoire à l'épreuve de la guerre des mémoires. *Cités*, n. 33, 2008.

DUARTE, Joana. Memória e narração: invólucro do silêncio na expressão do vário. *Revista de História das Ideias*, v. 27, 2006.

DULONG, Renaud. *Le Témoin oculaire*: les conditions sociales de l'attestation personnelle. Paris: EHESS, 1998.

Eco, Umberto. Prólogo. In: Lozano, Jorge. *El discurso histórico*. Madri: Alianza, 1994.

Eliade, Mircea. *O mito do eterno retorno*. Lisboa: Edições 70, 1981.

Etlin, Richard A. *The architecture of death*: the transformation of the cemetery in eighteenth-century. Paris: Massachusetts Institute of Technology, 1987.

Febvre, Lucien. *Combats pour l'histoire*. Paris: Armand Colin, 1953.

Finley, Moses I. *Mythe, mémoire, histoires*: les usages du passé. Paris: Flammarion, 1981.

Garcia, Manuel Emídio. As comemorações em honra e para glória da humanidade. In: Esteves, Francisco Xavier. *Album litterario comemmorativo do terceiro centenario de Luiz de Camões*. Porto: Typ. Occidente, 1880.

Ginzburg, Carlo. *Mythes, emblèmes, traces*. Paris: Flammarion, 1989.

Gómez, Ana Arnaiz. La sepultura, monument que constituye la memoria de la vida. In: Una arquitectura para la muerte: Encuentro Internacional sobre los cementerios contemporaneos, *I.,1991, Sevilha. Actas...* Junta de Andaluzia,1993.

Goody, Jack. *L'Homme, l'écriture et la mort*. Paris: Les Belles Lettres, 1996.

Halbwachs, Maurice. *Les Cadres sociaux de la mémoire*. Paris: PUF, 1952.

_____. *La Mémoire collective*. Paris: Albin Michele, 1997.

Hartog, François. *Le XIXe, siècle et l'histoire*: le cas de Fustel de Coulanges. Paris: Gallimard, 1988.

_____. Temps et histoire: comment écrire l'histoire de France. *Annales*, n. 5, 1995.

_____. *Mémoire d'Ulysse*: récits sur la frontière en Grèce ancienne. Paris: Gallimard, 1996.

_____. *L'Histoire, d'Homère à Augustin*. Paris: Seuil, 1999.

_____. *Le Miroir d'Hérodote*: essai sur la représentation de l'autre. Paris: Gallimard, 2001.

_____. *Régimes d'historicité, présentisme et expériences du temps*. Paris: Seuil, 2003.

_____. *Évidence de l'histoire*: ce que voient les historiens. Paris: École des Hautes Études en Sciences Sociales, 2005.

_____. Tempos do mundo, história, escrita da história. In: SALGADO, Luiz Manoel Guimarães. *Estudos sobre a escrita da história*. Rio de Janeiro: 7Letras, 2006.

HERÓDOTO. *Histórias*. Introdução geral Maria Helena da Rocha Pereira. Introdução ao Liv. 1º, versão do grego e notas de José Ribeiro Ferreira e Maria de Fátima Silva. Lisboa: Edições 70, 1994. Liv. 1º.

HUYSSEN, Andreas. *Presents pasts*: urban palympsests and the politics of memory. Strandford, Strandford University Press, 2003.

JANKÉLÉVITCH, Vladimir. *L'Imprescriptible*: pardonner? Dans l'honneur et la dignité. Paris: Seuil, 1996.

KOSELLECK, Reinhart. *Futuro pasado*: para una semántica de los tempos históricos. Barcelona: Paidós, 1993.

_____. *L'Éperience de l'histoire*. Paris, Gallimard-Seuil, 1997.

_____. *Crítica e crise*. Uma contribuição à protogênese do mundo burguês. Rio de Janeiro: Universidade do Estado do Rio de Janeiro, 1999.

_____. *Historia/Historia*. Madri: Trotta, 2004.

LAUNAY, Marc de. Les temps de l'histoire. *Cités*, n. 33, 2008.

LE GOFF, Jacques. Documento-memória. *Enciclopédia Einaudi*. Lisboa: Imprensa Nacional-Casa da Moeda, 1984. v. 1.

_____. *El orden de la memoria*: el tiempo como imaginario. Barcelona: Paidós, 1991.

_____ et al. *Patrimoine et passions identitaires*: entretiens du patrimoine. Paris: Fayard, 1998.

LÉVINAS, Emmanuel. *Humanisme de l'autre homme*. Saint-Clément: Fata Morgana, 1972.

LOZANO, Jorge. *El discurso histórico*. Madrid: Alianza, 1994.

LYOTARD, Jean-François. *L'Enthousiasme*: la critique kantienne de l'histoire. Paris: Galilée, 1986.

_____. *La condición postmoderna*: informe sobre el saber. Madri: Cátedra, 1989.

MACHADO, Álvaro Manuel. *O mito do Oriente na literatura portuguesa*. Lisboa: ICLP, 1983.

MARRAMAO, Giacomo. *Poder y secularización*. Barcelona: Península, 1989.

MARROU, Henri-Irénée. *De la connaissance historique*. Paris: Seuil, 1954.

MARTIN, Jean-Clément. Histoire, mémoire et l'oubli: pour un autre régime d'historicité. *Revue d'Histoire Moderne et Contemporaine*, t. 47-4, out./dez. 2000.

MENDONÇA, Henriques Lopes de. *Vasco da Gama na história universal*. Lisboa: Artur Beirão, 1925.

MOSÈS, Stéphane. *L'Ange de l'histoire*: Rosenzweig, Benjamin, Scholem. Paris: Seuil, 1992.

MÜLLER, Bertrand (Dir.). *L'Histoire entre mémoire et épistémologie*. Lausanne: Payot Larrousse, 2005.

MUXELL, Anne. *Individu et mémoire familiale*. Paris: Nathan, 1996.

NAMER, Gérard. *Mémoire et société*. Paris: Klincksieck, 1987.

_____. Postface. In: HALBWACHS, Maurice. *La Mémoire collective*. Paris: Albin Michel, 1997.

NIETZSCHE. *Sobre a utilidad y el perjuicio de la historia para la vida*. Madri: Biblioteca Nuova, 1999.

NORA, Pierre (Org.). Préface. In: _____. *Les Lieux de mémoire*. Paris: Gallimard, 1984. v. 1.

PEREIRA, Miguel Baptista. Filosofia e memória nos caminhos do milênio. *Revista Filosófica de Coimbra*, v. 8, n. 16, out. 1999.

POMIAN, Krzysztof. *L'Ordre du temps*. Paris: Gallimard, 1984.

_____. *Sur l'histoire*. Paris: Gallimard, 1999.

RICŒUR, Paul. *Histoire et vérité*. Paris: Seuil, 1955.

_____. *Temps et récit*. Paris: Seuil, 1983. 3 v.

_____. Entre mémoire et histoire. *Projet*, n. 248, 1996-1997.

_____. Vulnérabilité de la mémoire. In: LE GOFF, Jacques et al. *Patrimonie et passions identitaires*: entretiens du patrimonie. Paris: Fayard, 1997.

_____. *La lectura del tiempo pasado*: memoria y olvido. Madri: Universidad Autonoma de Madrid, 1998.

_____. La marque du passé. *Revue de Métaphysique et de Morale*, n. 1, 1998a.

_____. *La Mémoire, l'histoire, l'oubli*. Paris: Seuil, 2000.

_____. Un parcours philosophique. *Magazin Littéraire*, n. 390, set. 2000a.

ROSENZWEIG, Franz. *L'Étoile de la rédemption*. Paris: Esprit, 1982.

SANDOICA, Elena Hernández. *Los caminos de la historia*: cuestiones de historiografía y método. Madri: Síntesis, 1995.

_____. *Tendencias historiográficas actuales*: escribir historia hoy. Madri: Akal, 2004.

SANTO AGOSTINHO. *Confissões*. Tradução Arnaldo do Espírito Santo, João Bento e Maria Cristina de Castro-Maia de Sena Pimentel. Introdução Manuel Barbosa da Costa Freitas. Lisboa: Imprensa Nacional-Casa da Moeda, 2001.

SCHOLEM, Gershom. *Walter Benjamin*: historia de una amistad. Barcelona: Peninsula, 1987.

_____. *Correspondance*: Walter Benjamin, Theodor W. Adorno. Paris: Verdier, 1990.

SELIGMANN-SILVA, Márcio. Reflexões sobre a memória, a história e o esquecimento. In: _____ (Org.). *História, memória, literatura*. Campinas: Unicamp, 2003.

_____. O testemunho: entre a ficção e o "real". In: _____. *História, memória, literatura*. Campinas: Unicamp, 2003a.

SILVA, Augusto Santos. Morte, mediação e história. Uma viagem tanatológica ao pensamento de Oliveira Martins. *Revista de História Econômica e Social*, n. 14, 1984.

TODOROV, Tzvetan. *Las morales de la historia*. Barcelona: Paidós, 1993.

_____. *Les Abus de la mémoire*. Paris: Arléa, 1998.

TRAVERSO, Enzo. *Le Passé, modes d'emploi*: histoire, mémoire, politique. Paris: La Fabrique, 2005.

URBAIN, Jean-Didier. Morte. In: *Enciclopédia Einaudi*. Lisboa: Imprensa Nacional- Casa da Moeda, 1997. v. 36.

WHITE, Hayden. *Metahistory*: the historical imagination in XIXth century Europe. Londres: The Johns Hopkins University Press, 1978.

YATES, Frances A. *A arte da memória*. Campinas: Unicamp, 2007.

YERUSHALMI, Yosef. *Zakhor*: histoire juive et mémoire juive. Paris: La Découvert, 1984.

_____ et al. *Usages de l'oubli*. Paris: Seuil, 1988.

Livros publicados pela Coleção FGV de Bolso

(01) *A história na América Latina – ensaio de crítica historiográfica* (2009)
de Jurandir Malerba. 146p.
Série 'História'

(02) *Os Brics e a ordem global* (2009)
de Andrew Hurrell, Neil MacFarlane, Rosemary Foot e Amrita Narlikar. 168p.
Série 'Entenda o Mundo'

(03) *Brasil-Estados Unidos: desencontros e afinidades* (2009)
de Monica Hirst, com ensaio analítico de Andrew Hurrell. 244p.
Série 'Entenda o Mundo'

(04) *Gringo na laje – produção, circulação e consumo da favela turística* (2009)
de Bianca Freire-Medeiros. 164p.
Série 'Turismo'

(05) *Pensando com a sociologia* (2009)
de João Marcelo Ehlert Maia e Luiz Fernando Almeida Pereira. 132p.
Série 'Sociedade & Cultura'

(06) *Políticas culturais no Brasil: dos anos 1930 ao século XXI* (2009)
de Lia Calabre. 144p.
Série 'Sociedade & Cultura'

(07) *Política externa e poder militar no Brasil: universos paralelos* (2009)
de João Paulo Soares Alsina Júnior. 160p.
Série 'Entenda o Mundo'

(08) *A mundialização* (2009)
de Jean-Pierre Paulet. 164p.
Série 'Sociedade & Economia'

(09) *Geopolítica da África* (2009)
de Philippe Hugon. 172p.
Série 'Entenda o Mundo'

(10) *Pequena introdução à filosofia* (2009)
de Françoise Raffin. 208p.
Série 'Filosofia'

(11) *Indústria cultural – uma introdução* (2010)
de Rodrigo Duarte. 132p.
Série 'Filosofia'

(12) *Antropologia das emoções* (2010)
de Claudia Barcellos Rezende e Maria Claudia Coelho. 136p.
Série 'Sociedade & Cultura'

(13) *O desafio historiográfico* (2010)
de José Carlos Reis. 160p.
Série 'História'

(14) *O que a China quer?* (2010)
de G. John Ikenberry, Jeffrey W. Legro, Rosemary Foot e Shaun Breslin. 132p.
Série 'Entenda o Mundo'

(15) *Os índios na História do Brasil* (2010)
de Maria Regina Celestino de Almeida. 164p.
Série 'História'

(16) *O que é o Ministério Público?* (2010)
de Alzira Alves de Abreu. 124p.
Série 'Sociedade & Cultura'

(17) *Campanha permanente: o Brasil e a reforma do Conselho de Segurança das Nações Unidas* (2010)
de João Augusto Costa Vargas. 132p.
Série 'Sociedade & Cultura'

(18) *Ensino de história e consciência histórica: implicações didáticas de uma discussão contemporânea* (2011)
de Luis Fernando Cerri. 138p.
Série 'História'

(19) *Obama e as Américas* (2011)
de Abraham Lowenthal, Laurence Whitehead e Theodore Piccone. 210p.
Série 'Entenda o Mundo'

(20) *Perspectivas macroeconômicas* (2011)
de Paulo Gala. 134p.
Série 'Economia & Gestão'

(21) *A história da China Popular no século XX* (2012)
de Shu Sheng. 204p.
Série 'História'

(22) *Ditaduras contemporâneas* (2013)
de Maurício Santoro. 140p.
Série 'Entenda o Mundo'

(23) *Destinos do turismo – percursos para a sustentabilidade* (2013)
de Helena Araújo Costa. 166p.
Série 'Turismo'

(24) *A construção da Nação Canarinho – uma história institucional da seleção brasileira de futebol, 1914 - 1970* (2013)
de Carlos Eduardo Barbosa Sarmento. 180p.
Série 'História'

(25) *A era das conquistas – América espanhola, séculos XVI e XVII* (2013)
de Ronaldo Raminelli. 180p.
Série 'História'

(26) *As Misericórdias portuguesas – séculos XVI e XVII* (2013)
de Isabel dos Guimarães Sá. 150p.
Série 'História'

(27) *A política dos palcos – teatro no primeiro governo Vargas (1930-1945)* (2013)
de Angélica Ricci Camargo. 150p.
Série 'História'

(28) *A Bolsa no bolso – fundamentos para investimentos em ações* (2013)
de Moises e Ilda Spritzer. 144p.
Série 'Economia & Gestão'

(29) *O que é Creative Commons? Novos modelos de direito autoral em um mundo mais criativo* (2013)
de Sérgio Branco e Walter Britto. 176p.
Série 'Direito e Sociedade'

(30) *A América portuguesa e os sistemas atlânticos na Época Moderna - Monarquia pluricontinental e Antigo Regime* (2013)
de João Fragoso, Roberto Guedes e Thiago Krause. 184p.
Série 'História'

(31) *O Bolsa Família e a social-democracia* (2013)
de Débora Thomé. 158p.
Série 'Sociedade & Cultura'

(32) *A Índia na ordem global* (2013)
de Oliver Stuenkel (Coord.). 120p.
Série 'Entenda o Mundo'

(33) *Escravidão e liberdade nas Américas* (2013)
de Keila Grinberg e Sue Peabody. 146p.
Série 'História'

(34) *Meios alternativos de solução de conflitos* (2013)
de Daniela Gabbay, Diego Faleck e Fernanda Tartuce. 104p.
Série 'Direito & Sociedade'

(35) *O golpe de 1964 – momentos decisivos* (2014)
de Carlos Fico. 148p.
Série 'História'

(36) *Livro digital e bibliotecas* (2014)
de Liliana Giusti Serra. 186p.
Série 'Sociedade & Cultura'

(37) *A proteção jurídica aos animais no Brasil - Uma breve história* (2014)
de Samylla Mól e Renato Venancio. 142p.
Série 'História'

Este livro foi impresso nas oficinas gráficas da Editora Vozes Ltda.,
Rua Frei Luís, 100 – Petrópolis, RJ,